Gätjen
Lottas Lieblingsessen

Die Autorin

Edith Gätjen ist Ökotrophologin, systemische Familienthera-
peutin, Dozentin an der UGB-Akademie – und Großmutter von
Lotta (in dieser Rolle besser bekannt als »Ema«). Sie arbeitet
seit über 25 Jahren mit Familien im Bereich Säuglings- und Kinderernährung und hat als Mutter von vier Kindern das perfekte
Rüstzeug hierfür. Sie ist Lehrbeauftragte am Studiengang
Hebammenwesen an der Ruhr-Universität Bochum, bildet
Ernährungsberater/-innen – speziell im Bereich Kinderernährung – sowie Stillberaterinnen in der Klinik aus. Seit 2010 ist
sie Expertin im Arbeitskreis »Gesund ins Leben – Netzwerk
gesunde Familie« des Bundesministeriums für Ernährung,
Landwirtschaft und Verbraucherschutz. Edith Gätjen lebt mit
ihrer Familie in der Nähe von Köln.

Lotta und ihre Eltern stellen sich vor

Lotta ist jetzt schon ein Kindergartenkind. Das zweite Frühstück und das Mittagessen bekommt sie
im Kindergarten, am Abend ist es ein Ritual, dass sie mit Katrin mit Christian oder sogar mit beiden
das Abendessen zubereitet – meistens wird gemeinsam gekocht. Beim Schneiden und Rühren wird
sie immer schneller und besser, beim Abschmecken ist sie schon ein Profi und hat viele Verbesse-
rungsideen. Das gemeinsame Kochen ist eben Lottas schönste Spielzeit mit ihren Eltern.

Katrin Seitdem Lotta im Kindergarten ist, geht Katrin während der Kindergartenzeit wieder arbeiten. Sie ist froh, dass sie gemeinsam einen schönen Kindergarten gefunden haben, in dem Gesundes und frisch Gekochtes an der Tagesordnung sind. Sie hat sich mit Christian so abgesprochen,
dass sie sehr früh zur Arbeit geht, damit sie den Nachmittag mit Lotta übernehmen kann. So kann
sie mit Lotta bequem auf dem Nachhauseweg einkaufen gehen und überlegen, was abends auf den
Tisch kommen soll. So erreichen sie, dass Lotta nicht zweimal am Tag das Gleiche isst.

Christian Christians Elternzeit ist vorbei und er arbeitet wieder Vollzeit. Er hat es sich so eingerich-
tet, dass er morgens mit Lotta frühstücken kann und sie auf dem Weg zur Arbeit in den Kindergarten bringt. Am Abend versucht er so früh nach Hause zu kommen, dass er gemeinsam mit Katrin
und Lotta zu Abend essen kann, und auf dem Heimweg freut er sich auf die kreativen Überra-
schungen aus der Küche. Am Wochenende ist er in der Küche immer dabei und profitiert von den
Erfahrungen, die er in seiner Jugend selbst in der Küche machen durfte. Für neue Ideen ist seine
Mutter eine perfekte Quelle, ein Anruf von Lotta bei ihrer »Ema« reicht aus, um aus den vorhande-
nen Zutaten ein neues Gericht zu kreieren.

Edith Gätjen

Lottas Lieblingsessen

Über 110 Rezepte, die wirklich schmecken

WISSEN

Zu den Rezepten ...

Die Rezepte in diesem Buch haben ein paar Besonderheiten. Zum einen gibt es Symbole, die wichtig sind für die Bevorratung der leckeren Gerichte:

- : diese Gerichte können Sie im Kühlschrank (manchmal mit KS abgekürzt) aufbewahren
- ❄: diese Gerichte sind für den Tiefkühl-Vorrat geeignet, können aber auch im Kühlschrank aufbewahrt werden (manchmal mit TK abgekürzt)
- : diese Gerichte verpacken Sie am besten in einer Vorratsdose

Außerdem gibt es in den Rezepten manchmal **Abschnitte, die fett gedruckt** sind. Dabei handelt es sich um einfache Arbeitsschritte, die Lotta allein oder mit Unterstützung ihrer Eltern ausführen kann.

Vorwort

Liebe Eltern, liebe Lottas dieser Welt,

endlich geht es weiter, unsere Lotta, so wie auch Ihr Kind, ist aus der Beikostzeit herausgewachsen und – wie schön – sie interessiert sich immer mehr dafür, woher die Lebensmittel kommen, was in der Küche passiert und das gemeinsame Familienessen. Lotta weiß immer mehr, was ihr besonders gut schmeckt und so ist die Rezeptsammlung dieses Buchs entstanden.

Am Übergang zu einer neuen Entwicklungsphase stehen viele Familien vor der Herausforderung, wie ein gesundheitsförderlicher, nachhaltiger und familientauglicher Essalltag gestaltet werden könnte. Mit diesem Buch möchte ich Sie dabei unterstützen, diese neuen Herausforderungen mit Freude und Verständnis anzugehen. Allerdings ist dies weder ein »5-Punkte-Ratgeber« noch ein »jedes Kind kann-Ratgeber«, sondern eine Sammlung möglicher Ideen, wie Sie leicht mit der einen oder anderen Situation wertschätzend umgehen können, um Ihr persönliches Ziel zu erreichen, indem Sie Ihr Kind in seiner Entwicklung immer im Blick haben.

In dem Buch finden Sie drei Elemente, einen Theorieteil, einen Rezeptteil und immer wieder eingefügt Seiten aus dem wirklichen Leben von Lotta und ihren Eltern. Hier stehen Lotta und ihre Eltern für viele Familien in verschiedenen, realen Lebenssituationen.

Im Theorieteil erfahren Sie, wie Sie von Anfang an die Essensplanung und den Kochalltag mit Ihrem Kind gemeinsam gestalten können und auch, wie viel Ihr Kind von was essen darf und sollte, um rundum gut versorgt zu sein. Gemeinsam einkaufen, die Mahlzeiten planen und zubereiten und in fröhlicher Runde das Ergebnis genießen ist eine sehr wertvolle Beziehungs- und Bildungszeit, die man sich als Eltern nicht entgehen lassen sollte. Ein Kind gut und gesund zu ernähren ist einer der wichtigsten Bildungsaufträge, den wir besonders als Eltern, aber auch als Erzieher/innen und Lehrer/innen haben. Und was gibt es schöneres, als ein Kind gesund und fröhlich aufwachsen zu sehen…!

In den eingefügten Seiten aus dem wahren Leben habe ich die in meiner Beratungspraxis am häufigsten aufkommenden Herausforderungen des familiären Essalltags und die dazu passenden Lösungsmöglichkeiten skizziert. Dieses Buch kann zwar keine individuelle Ernährungs- und Erziehungsberatung ersetzen, gibt aber einen Einblick in die kindliche Entwicklung und Psyche bezogen auf das Essverhalten, damit Sie Ihr Kind besser verstehen können und damit nicht zum Beispiel aus einem gesendeten »Ich mag nicht« ein »Ich mag Dich nicht« gehört wird.

Wenn sich das Verhalten der Kinder, also die Ist-Situation mit den Erwartungen der Erwachsenen, also der Soll-Situation, nicht ganz deckt, entsteht häufig ein zwischenmenschliches Problem. Dieses mögliche Beziehungsproblem muss nicht entstehen, wenn die Erwachsenen als allererstes ihre Erwartungen, also das Soll, überdenken und anpassen und nicht stattdessen am Kind »herumerziehen«.

Im Rezeptteil habe ich in der Hauptsache einfache und schnelle Lieblingsgerichte zusammengestellt, in denen ich die Ernährungsempfehlungen kindgerecht umgesetzt habe und die Sie leicht gemeinsam mit Ihrem Kind zubereiten können. All das, was Ihr Kind jetzt mit mehr oder weniger Hilfe alleine kann, ist »fett« vermerkt. Das gemeinsame Abschmecken ist der erste Einstieg zum gemeinsamen Kochen, macht Ihr Kind zum Geschmacksexperten und sollte nie vergessen werden.

Danken möchte ich meinem Großvater, der mich auf den Weg der Vollwerternährung gebracht hat, meiner Mutter, die mich in ihrer Küche hat kochen lassen, meiner Familie, die dankbar mit Genuss jede neue Idee angenommen hat, vielen Eltern und Kindern, die ich beraten durfte und unserer Enkeltochter Lotta für ihr Vertrauen und ihre kreativen Rezeptideen.

Essen und Trinken hält Leib, Seele und auch die Familie zusammen!

Bergisch Gladbach, Januar 2014

Edith Gätjen

Lotta isst, was alle essen

Milch und Brei waren gestern – jetzt kann Ihr Kind mit Ihnen gemeinsam am Familientisch essen. Aus dem Säugling ist nun ein fleißiger Helfer in der Küche geworden, der mit viel Ausdauer schneidet, rührt, knetet und abschmeckt. Da schmeckt es noch mal so gut. Leben Sie Spaß am Essen vor!

Lotta plant, kocht und isst mit

Die Zeit, in der es für Ihr Kind ein Extra-Essen, sei es in Form von Mus oder Brei, gab, geht nun zu Ende. Freuen Sie sich darauf, mit Ihrem Kind gemeinsam »aus dem gleichen Topf« zu essen. Ihr Kind kann und darf jetzt alles essen, was Sie essen. Und wenn es Ihnen beim Kochen geholfen hat, isst es alles mit Begeisterung.

Die Ernährung im 1. Lebensjahr – und dann?

Um den ersten Geburtstag herum endet die Phase der Beikostzeit. Wenn eine Phase zu Ende geht und eine neue beginnt, stellen sich uns gleich viele Fragen. Nutzen Sie die Verunsicherung, die sich vielleicht einstellt, als Antrieb dafür, Veränderungen zuzulassen. Im Falle der Ernährung werden Sie sich jetzt viele Gedanken machen, was für Ihr Kind gut ist, und dabei vielleicht auch Ihre eigenen Ernährungsgewohnheiten auf den Prüfstand stellen.

Eines ist an der Stelle dieses Übergangs von der Beikost zur Familienernährung sicher: Sie haben in puncto Ernährung Ihres Kindes schon einige Hürden genommen: Ihnen ist schon sehr viel gelungen!

Während der Schwangerschaft: Hier haben Sie Ihr Kind indirekt, also über Ihre eigene Nahrung, mit Nährstoffen versorgt, und Ihr Kind war 24 Stunden am Tag gesättigt. Als Ihr Kind dann das Licht der Welt erblickt hat und die Nabelschnur durchtrennt worden ist, wurde gleichzeitig auch sein Hunger geboren.

Während der Milchzeit: Ihr Kind hat sich aktiv um Nahrung »bemüht«, hat für sich gelernt, dass es Hunger, Durst und Sättigung gibt, und Sie als Eltern haben gelernt, diese Signale Ihres Kindes zu erkennen, diese auf die Gefühle Ihres Kindes zu beziehen und entsprechend zu reagieren. 12–15 Milchmahlzeiten in 24 Stunden waren anfänglich ganz normal.

Der Übergang zur Beikost: Ihr Kind hat nun gelernt, losgelöst von dem Lustgefühl des Saugens Mahlzeiten in Form von Mus oder Brei aufzunehmen und den Durst über Wasser aus dem Glas zu löschen. Gleichzeitig hat sich die Zahl der Mahlzeiten auf ca. sechs reduziert und in der Nacht gibt es schon längere Zeiträume, in denen nicht gegessen wird. Auch hat Ihr Kind bereits viele Erfahrungen mit unterschiedlichen Lebensmitteln gemacht, mit unterschiedlichen Formen, Farben und Geschmacksrichtungen sowie Konsistenzen. Ihr Kind wurde gefüttert, die Zeiten und auch die Auswahl der Lebensmittel haben zunächst vorrangig Sie bestimmt, Sie sind aber auf die Bedürfnisse Ihres Kindes eingegangen, indem Sie auch hier die Signale Ihres Kindes richtig interpretiert haben.

Und nun: Der Übergang zum Mitessen am Familientisch. Nun ist es so weit, Ihr Kind kann und will an allen Familienmahlzeiten gleichberechtigt teilnehmen. Monatelang gab es auf die Frage: »Was gibt es zu essen?« nur die eine Antwort: »Milch«. Dann gab es die drei Breie in der Beikostzeit und jetzt gibt es eigentlich alles.

Dieser Markt der Möglichkeiten erscheint im ersten Augenblick erleichternd und verführerisch, auf den zweiten Blick stellen sich allerdings dann immer mehr Fragen – »Wie viel?«, »Wovon?«, »Wann?«, »Wie zubereitet?« –, auf die so schnell keine Antworten zu finden sind. Mögliche Antworten auf diese elementaren Fragen finden Sie zum einen im Kapitel »Meine Empfehlungen für eine kindgerechte Ernährung« (Seite 19), dann aber auch Tipps für die praktische Umsetzung im großen Kapitel »Lottas Lieblingsrezepte« (Seite 33). Hier finden Sie viele Rezepte für Gerichte, die Ihr Kind gut essen kann (Konsistenz, Farbe, Geschmack), die es gut mit allen benötigten Nährstoffen versorgen, die abwechslungsreich sind und Spaß machen und die auch von den Erwachsenen gerne gegessen werden.

Vertrauen in die Fähigkeiten des Kindes

In der Kinderernährung geht es jetzt nicht mehr nur um »Versorgung«, also dass das Kind mit allen Nährstoffen und Energie versorgt ist, sondern auch um Ernährungserziehung. Denn Sie möchten Ihr Kind ja nicht nur sättigen, sondern ihm auch den Spaß an einer gesundheitsförderlichen, abwechslungsreichen Ernährung vermitteln.

Doch das ist gar nicht so einfach. Auf der einen Seite stehen Sie und vielleicht auch der Kindergarten oder die Schule mit dem Bestreben, eine gesundheitsförderliche Kinderernährung anzubieten. Auf der anderen Seite steht Ihr Kind mit all seinen individuellen Bedürfnissen und Erwartungen und dem unabdingbaren Drang nach Autonomie.

Bislang haben Sie Ihr Kind versorgt und dafür gesorgt, dass jedes aufkommende Hunger- und Durstgefühl Ihres Kindes unmittelbar befriedigt wurde.

Jetzt »mischt« sich Ihr Kind mit ein, möchte seine eigene Esskarriere mitbestimmen und beginnt auch hier, eine Persönlichkeit zu werden.

Der Übergang zum Familientisch erfordert noch weitere Entwicklungsschritte bei Ihrem Kind so wie auch bei Ihnen: Ihr Kind wird nun lernen müssen, die eigenen Bedürfnisse zu überdenken und aufzuschieben. Beispielsweise wird nicht immer das Lieblingsessen serviert und Ihr Kind wird lernen, auf die Mahlzeit auch mal ein wenig zu warten. Dieser gelernte Bedürfnisaufschub und die Bedürfnisreflexion sind nicht nur am Familientisch wichtig: Hier wird die Grundlage für spätere Teamfähigkeit gelegt, die eben auch erfordert, dass die eigenen Bedürfnisse im Zweifelsfall auch mal zurückgestellt werden zu Gunsten der Bedürfnisse der Gemeinschaft.

Ihr Kind wird schon nicht »verhungern«

Wir Erwachsenen haben immer die Sorge, dass unser Kind nicht richtig mit allen Nährstoffen versorgt ist, und neigen dazu, dem Kind in Bezug auf das Essen jeden Wunsch zu erfüllen. Aus Angst, dass das Kind »verhungern« könnte, gehen wir jede Menge Kompromisse ein und versuchen, nahezu jeden Wunsch zu erfüllen. Dies ist sicherlich in dem Moment der bequemste Weg, doch in die Zukunft gesehen – und eigentlich wissen wir es auch – sind Weißbrot und Fleischwurst keine gesundheitsförderlichen Lebensmittel für unsere Kinder. Doch keine Angst: Sie werden Ihre Sorge, dass Ihr Kind im schlimmsten Fall »verhungern« könnte, wenn es zum Beispiel nicht das isst, was ihm angeboten wird, langsam verlieren. Sie werden das Vertrauen erlangen, dass Ihr Kind schon für sich sorgen und nicht »verhungern« wird, wenn das Angebot richtig und kindgerecht ist. Sie können beispielsweise Ihrem Kind weiterhin Wasser anbieten und keine Cola, weil Sie wissen, dass es, wenn es Durst hat, diesen auch mit Wasser löschen kann. Sie müssen auch Ihr Kind nicht mit Kakao locken, wenn es keine Milch trinken möchte.

Dieser gelernte Bedürfnisaufschub und die Bedürfnisreflexion sind unter anderem die Grundlage für spätere Teamfähigkeit, die eben auch erfordert, dass die eigenen Bedürfnisse im Zweifelsfall sogar zurückgestellt werden zu Gunsten der Bedürfnisse der Gemeinschaft.

Damit Ihr Kind und Sie zufrieden und glücklich durch diese Entwicklung gehen können, braucht es ein wenig Handwerkszeug. Mögliche Ideen hierzu finden Sie in diesem Buch in verschiedenen Features, eingestreut im Rezeptteil. Dieses Buch kann Ihnen helfen, Ihre Sorgen um die richtige Ernährung Ihres Kindes, die ja durchaus hilfreich waren und in gewissem Maße auch bleiben, in Vertrauen zu Ihrem Kind und seinen eigenen Bedürfnissen zu wandeln.

Alle zufrieden am Tisch

Schnell werden Sie feststellen, dass am gemeinsamen Familientisch Ihre Ziele und die Bedürfnisse Ihres Kindes keineswegs immer übereinstimmen. Kennen Sie folgende Szene? Sie haben mit viel Aufwand eine leckere Suppe mit viel frischem Gemüse gekocht und müssen am Tisch frustriert feststellen, dass Ihr Kind die Suppe verweigert und einen Pfannkuchen fordert. Und um des lieben Friedens willen und aus Sorge, dass Ihr Kind nicht satt wird, stellen Sie sich vielleicht auch noch in die Küche und zaubern schnell den geforderten Pfannkuchen? Nach so einem Mittagessen zieht ihr Kind satt und zufrieden ab, es hat schließlich erreicht, was es wollte. Und Sie bleiben sicherlich unzufrieden am Tisch zurück. Hier hilft es schon, sich über die unterschiedlichen Ziele und Bedürfnisse aller Beteiligten klar zu werden.

Das wollen die Erwachsenen

Das wichtigste Ziel aller Eltern in Bezug auf die Ernährung Ihres Kindes ist sicherlich, dass es körperlich und geistig gesund und fit bleibt. (Und schmecken muss es natürlich auch.) Gesunde Ernährung und körperliche Gesundheit werden immer in direkten Zusammenhang gebracht. Schon jedes Kind weiß, dass es im Winter Apfelsinen essen sollte, um keinen Schnupfen zu bekommen, und Milch für starke Knochen trinken muss.

Doch auch zwischen geistiger Entwicklung und Ernährung besteht ein enger Zusammenhang. Es ist erwiesen, dass ein Kind, wenn es vor der Schule ein ausgewogenes gutes Frühstück bekommt, deutlich mehr leisten kann. Und bekommt es ein zweites ausgewogenes Frühstück in der Schule, kann es den ganzen Vormittag über gut mitarbeiten. Hier zeigt sich sehr deutlich, wie wichtig die Regelmäßigkeit und die Qualität der Mahlzeiten ist.

Gemeinsam Neues entdecken

Ein weiteres Ziel sollte sein, dass die Kinder neugierig und offen gegenüber dem Essen werden bzw. bleiben. Kinder sind von Natur aus neugierig. Wir Eltern und auch die Erzieherinnen in der Kindertagesstätte müssen aufpassen, dass diese Neugierde in Bezug auf neues Essen gefördert und nicht durch »alte«, sinnlose Prinzipien und möglicherweise übertriebene Sorgen unterdrückt wird. Vergessen Sie »Gegessen wird mit Besteck und nicht mit den Fingern« oder »Bei Tisch wird nicht getrunken«. Kinder müssen ihre eigenen Erfahrungen machen – auch beim Essen.

Zeigen Sie Ihrem Kind, wie man ein neues Lebensmittel entdecken kann, indem Sie sich gemeinsam mit dem Kind Fragen stellten, z. B. wie sieht der Käse aus, welche Form hat er, wie fühlt sich die Rinde an und welche Farbe hat sie, wie mag der Käse von

innen aussehen und welches Gefühl hinterlässt der Käse auf der Zunge? Das sind all die Fragen, mit denen sich ein Kind während der Entdeckungsreise zu neuen Lebensmitteln beschäftigt, und wir tun gut daran, diese »Detektivarbeit« im Detail zu unterstützen und mitzumachen. Dadurch zeigen wir unseren Kindern, dass auch wir Erwachsenen in Bezug auf Lebensmittel noch neue Erfahrungen machen. Und dies stärkt das Selbstbewusstsein der Kinder, da sie dadurch erfahren, dass auch die Eltern noch lernen können und wollen und eben nicht alles wissen.

Mitkochen macht Spaß

Ein ganz wichtiger Punkt ist das Mitkochen. Es unterstützt die Neugierde und erweitert den Horizont – so lernen die Kinder während des Kochens schon alle Lebensmittel in ihrer Urform kennen und können dabei viele Antworten auf ihre Fragen bekommen. Insbesondere durch das gemeinsame Abschmecken appellieren wir an die Kompetenz der Kinder und erweitern ihren Erfahrungsschatz. Je nach Alter des Kindes können die Kinder schon eine Menge helfen. Im Kapitel »Lottas Lieblingsrezepte« (Seite 33) habe ich beispielhaft einzelne Arbeitsschritte markiert, die auch kleinere Kinder schon übernehmen können. Das Abschmecken gehört immer dazu.

Ganz besonders am Herzen liegt uns, dass die Kinder Freude beim Essen erfahren und entwickeln. Dies ist aber nur dann möglich, wenn wir beim Essen unsere Freude darüber auch immer wieder zeigen. Und dies gelingt nur, wenn wir unsere Sorge bei uns lassen und uns für das Essen Zeit nehmen. Denn mit elterlichem Stirnrunzeln, womöglich unter Zeitdruck, bei Hektik oder allgemeinem Stress kann keine Freude aufkommen.

Unser Ziel ist es auch, dass den Kindern das richtige und schmackhafte Essen so in Fleisch und Blut übergeht, dass dies als ganz normal angesehen wird. Reden Sie mit Ihrem Kind nicht über gesundes Essen, tun Sie es nur. Denn weder der Gesundheitswert noch der ökologische Wert der Nahrungsmittel ist für Ihr Kind von Interesse oder (be)greifbar. Nicht reden – handeln ist die Devise!

Tipp

Vermitteln Sie Ihrem Kind den Respekt vor den Lebensmitteln von Anfang an: Die Brotrinde ist essbar und untrennbarer Bestandteil des Brotes. Und auch Reste aus der Butterbrotdose lassen sich immer zu einem kleinen »Hasenfutter« zaubern und gehören nicht in die Mülltonne.

Und das wollen die Kinder

Die Bedürfnisse der Kinder sind im Gegensatz zu den Zielen der Erwachsenen sehr klar und eindeutig, auch wenn sie diese selbst häufig noch nicht formulieren können, und sie sind fast immer auf wenige Punkte reduzierbar:

- Kinder verlassen sich beim Essen auf ihr Gefühl und nicht auf den Verstand ihrer Eltern, Großeltern oder Erzieherinnen.
- Kinder übernehmen die Verantwortung für ihren Appetit und Geschmack, sie wissen auch, wann sie Hunger haben und wann sie satt sind.
- Essen muss gut aussehen, gut riechen, sich gut anfühlen und dann auch noch gut schmecken – ganz schön viel auf einmal.
- Kinder sind beim Essen in kleinste Details verliebt.
- Chaos auf dem Teller geht nicht, es muss alles schön übersichtlich angerichtet sein.
- Kinder finden Fingerfood einfach spitze.
- Kinder wollen Spaß beim Essen und keine schlechte Laune.
- Kinder wollen sich nach dem Essen wohl fühlen.

Wenn Sie die Punkte aufmerksam lesen erkennen Sie, das sich hier – ganz unabhängig vom Thema Essen – die allgemeinen Bedürfnisse der Kinder an das Leben widerspiegeln.

Welches ist der richtige Weg?

Nun gilt es, die Ziele der Erwachsenen und die Bedürfnisse der Kinder »an einen Tisch« zu bringen. Denn wir Erwachsenen reagieren dann hilf- und orientierungslos, wenn die Persönlichkeit und die Bedürfnisse der Kinder mit unseren Erwartungen und Träumen nicht übereinstimmen.

Ein sicherlich guter Weg ist es, nach dem Prinzip zu handeln, Kinder in ihren Kompetenzen zu stärken, die Beziehung zwischen den Erwachsenen und den Kindern und den Kindern und den Erwachsenen aufzubauen und zu pflegen, damit gegenseitiges Vertrauen entstehen kann. So erfahren die Kinder, wie eigene Verantwortung übernommen werden kann, die sich nicht nur an nicht expliziten Vorgaben der Erwachsenen orientiert. Hier ein kleines Beispiel: Die Empfehlung heißt: Eine Scheibe Wurst pro Person. Wenn dann am Abendessenstisch auf der Wurstplatte für jedes Familienmitglied eine Scheibe Wurst liegt, ist leicht verständlich und bedarf keiner Diskussion, dass es für jedes Familienmitglied auch nur eine Scheibe Wurst gibt. Der Weg orientiert sich an der Idee der flexiblen Kontrolle, einer einfühlsamen, freundlichen Begleitung der Kinder durch die Erwachsenen. Die Erwachsenen bestimmen also das Angebot und so haben die Kinder die Möglichkeit, selbst und verantwortlich zu entscheiden.

Zu guter Letzt ist die Vorbildfunktion wichtigste Basis für die Erziehung. Ihr Kind lernt zunächst die Welt so kennen, wie Sie sie ihm zeigen, und das Elternhaus ist am Anfang die Welt des Kindes. Es glaubt, dass das Leben so ist, wie es zu Hause ist. Das zeigt deutlich, wie wichtig es ist, dass Sie sich authentisch, stimmig verhalten, um damit Ihrem Kind das Verhalten vorzuleben, das Sie sich von ihm wünschen. An diesem Vorbild sollte sich Ihr Kind frei entwickeln können.

11

Wie kommt Lotta auf den Geschmack?

Wir Eltern haben großen Einfluss auf die Entwicklung des Essverhaltens unserer Kinder. Eine liebevolle Ernährungserziehung sowie das Vorbild der Eltern spielen eine große Rolle. Aber auch genetische und physiologische Voraussetzungen spielen eine Rolle.

Woher weiß Ihr Kind, was ihm schmeckt?

Bereits im Mutterleib, ab der zehnten Schwangerschaftswoche, bilden sich erste Geschmacksknospen auf der Zunge und in der Mundschleimhaut. Ab der 13. Schwangerschaftswoche reifen die Geschmacksnerven, sodass ab dieser Zeit der Fötus beginnt, Geschmackseindrücke zu verarbeiten. Diese Geschmackseindrücke entstehen dadurch, dass das Fruchtwasser, in dem der Fötus schwimmt, nach der von der Mutter aufgenommenen Nahrung schmeckt. So ist es zu erklären, dass Geschmacksvorlieben bereits im Mutterleib geprägt werden – quasi angeboren sind, wenn auch nicht im genetischen Code verankert.

Die Geschmacksprägung beginnt also bereits im Mutterleib! Und ist damit auch die Grundlage der Gesundheitsvorsorge. Da auch die Muttermilch den Geschmack der von der Mutter eingenommenen Nahrung annimmt, geht dieser Prozess auch während der Stillzeit weiter. Ein deutlicher Vorteil gestillter Kinder, die durch die Variationen des Geschmacks der Muttermilch erheblich bessere Startmöglichkeiten für das Heranführen an den Familientisch oder auch »gesundes Essen« haben als »Flaschenkinder«, deren Milch jeden Tag identisch schmeckt.

Geschmacksentwicklung – eine lebenslange Aufgabe

Ein neugeborenes Kind schmeckt bereits die Geschmacksrichtungen »süß«, »sauer« und »bitter«, wobei es »süß« präferiert, »sauer« und »bitter« ablehnt. Mit vier Monaten kommen »salzig« und »umami« (bedeutet so viel wie herzhaft, fleischhaltig, eiweißreich) hinzu. Mit ca. drei Jahren ist dann die rein organische Entwicklung der Geschmacksorgane abgeschlossen, die Geschmacksentwicklung, das Prägen des Geschmacksgedächtnisses, geht allerdings lebenslang weiter. Die Geschmacksentwicklung ist ein ganz »normaler« Lernprozess:

- Alle Geschmackserlebnisse, die positiv sind, werden schnell und nachhaltig gelernt.
- Negative Erlebnisse führen zu einem ebenso schnellen Lernen derjenigen Geschmacksrichtungen, die dann auch als »nicht gute« Geschmackserfahrung im Gedächtnis gespeichert werden.

Wie bei allen Lernprozessen spielen auch die Begleitumstände des Lernens eine große Rolle.

Ebenso gibt es angeborene Geschmackspräferenzen, die sich im Laufe der Entwicklung des Menschen ausgebildet haben, die den Körper vor Gefahren schützen und auf der anderen Seite dafür sorgen, dass der Körper mit den notwendigen Stoffen versorgt wird.

- Die Präferenz für »süß« sorgt für das Überleben, da reife, süße Früchte reich an dem Energielieferanten Zucker sind sowie reich an Mineralstoffen und Vitaminen.
- Bittere Geschmacksrichtungen sind hingegen eher ein Hinweis auf unreif, verdorben und potentiell giftig.
- Die Präferenz für »salzig« ist ein Hinweis darauf, dass der Körper für seinen Wasserhaushalt Natrium dringend benötigt. Auch wenn Salz in früheren Zeiten schwierig

zu beschaffen war, sorgte das körperliche Bedürfnis nach salzigem Geschmack dafür, dass unsere Vorfahren nach Salz suchten, um auch überleben zu können.

Diejenigen, die weder die Abneigung gegen Bitteres noch das Verlangen nach Salzigem hatten, haben nicht überlebt – wir verdanken unser Dasein unseren Vorfahren, die sämtlich »bitter« mieden und »salzig« gesucht haben. Für das Überleben war auch der Fettkonsum wichtig, zum einen als Geschmacksträger, der andere Geschmacksrichtungen verstärkt, dann aber auch als ein wichtiger Energieträger.

Die Kleinsten mögen Süßes und Fettiges

Uns ist also zunächst genetisch gegeben, Süßes und Fettiges auszuwählen, Bitteres jedoch abzulehnen – Muttermilch erfüllt diese beiden Anforderungen perfekt, verpackt mit einer großen Portion Liebe! Die gute Erfahrung, dass die Kinder mit der süßen und fetten Milch in den ersten Lebensmonaten gut gedeihen, führt dazu, dass sie während der Beikostzeit und später auch dann am Familientisch immer wieder auf der Suche nach Süßem und Fettigem sind. Wenn ein Lebensmittel süß und fettig ist, dann enthält es konzentrierte Energie. Und das ist genau das, was Kinder brauchen, denn sie haben im Verhältnis zu ihrem Körpergewicht einen sehr hohen Energiebedarf und gleich-

WISSEN

Die sechs Phasen der Kinderernährung

Man kann die Ernährung und das Ernährungsverhalten bis zum Erwachsensein grob in sechs Phasen einteilen. Diese Phasen sind geprägt von der Entwicklung der Motorik und des Verdauungssystems, von dem Spannungsfeld »Bindung, Ablösung und Autonomie« sowie von Bedürfnissen und Wünschen. Die Phasen beziehen sich zum einen darauf, was ein Kind an Nahrung zu sich nimmt, aber auch, welches die Motive dafür sind, überhaupt Nahrung aufzunehmen.

- In der ersten Phase (im Mutterleib) handelt es sich um eine passive, kontinuierliche Ernährung.
- Die zweite und dritte Phase (die Milch- und Beikostzeit) sind geprägt von Hunger, Durst, Saugbedürfnis, Körperkontakt und immer

mehr auch Neugierde.
- In der vierten Phase, dies ist die Phase ca. zwischen dem 11. und 18. Lebensmonat, kommt zu diesen Grundbedürfnissen auch noch das Imitieren und der Spaß und das Spiel hinzu.
- In der fünften Phase, ab 1 ½ Jahren bis zum 8./10. Lebensjahr, ist das Essverhalten zusätzlich geprägt von der Selbstbestimmung, dem Gemeinschaftserleben, dem »Futterneid« und dem Trotz.
- In der sechsten Phase steht dann die Abgrenzung von elterlich vorgegebenem Verhalten im Vordergrund, was dazu führt, dass zum einen die Peergroup, zum anderen das Image, sportliche Leistung, Ökologie, Politik und Soziales wichtiger werden.

zeitig einen relativ kleinen Magen, der noch nicht so große Nahrungsmengen aufnehmen kann. So brauchen Kinder Nahrungsmittel, die bei geringem Volumen viel Energie enthalten.

Der kritische Blick auf das Gemüse, den Kinder häufig zeigen, ist vor diesem Hintergrund leicht zu verstehen. Das Ablehnen von Gemüse, besonders von grünem Gemüse, ist kein Trotz gegen den Elternwillen, sondern pure Überlebensstrategie. Gemüse mit geringem Energiegehalt, das noch nicht einmal süß ist, füllt zwar den Magen, macht jedoch nicht genügend satt. So

erklärt sich auch, dass zu einer Gemüsemahlzeit im Säuglingsalter ein Esslöffel Rapsöl gehört und auch die Empfehlung, gegartes Gemüse für Kinder immer mit Kohlenhydraten, Fleisch, Fisch oder Ei zu kombinieren. Gemüse als Frischkost-Fingerfood wird sehr gerne gegessen, hat aber in der Hauptsache einen spielerischen und durstlöschenden Effekt. Knabbergemüse kracht so schön, macht aber nicht satt, was aber auch nicht der Anspruch ist. Bei der warmen Mahlzeit hingegen haben die Kinder das Bedürfnis, sich zu sättigen, da reicht das pure gegarte Gemüse einfach nicht aus.

13

Essen hat etwas mit Fühlen und Lernen zu tun

Neben den genetisch/physiologischen Faktoren spielt später – spätestens am Familientisch – das ganz normale Lernen eine Rolle. Einer der wichtigsten Unterstützungsfaktoren beim Lernen ist die emotionale Begleitung – ob positiv oder negativ. Für diese emotionale Begleitung sind wir Erwachsenen essentiell verantwortlich.

Was brauchen die Kinder, um beim Essen positiv lernen zu können?

Natürlich zunächst einmal freundliche Erwachsene, die zum Probieren animieren, eine Ablehnung aber auch akzeptieren, denn kein Kind sollte gezwungen werden, etwas zu probieren. Und das Animieren geht über das eigene Gefühl zu der Sache. Erzählen Sie Ihrem Kind, wie es Ihnen schmeckt und welche Gefühle Sie zu diesem Essen haben. Hier geht es nicht darum zu sagen: »Mir schmeckt es gut!«, sondern wie gut es schmeckt und welches Gefühl bzw. welche Erinnerungen damit verbunden sind. Mich erinnert zum Beispiel Brokkoli immer an Palmen, Strand und Sonne und Brokkoli gab es früher auch immer mit Rührei bei meiner Großmutter, bei der ich beim Kochen und Abschmecken immer mithelfen durfte.

Beim Kennenlernen eines neuen Lebensmittels sind alle Sinne beteiligt: das Sehen, Fühlen, Riechen, Hören – und schließlich auch das Schmecken. Multiple Kontakte, auch solche außerhalb des Geschmackskontakts, sind die entscheidende Voraussetzung für ein späteres Probieren und evtl. sogar Mögen. Daraus wird klar, dass Sie neue Lebensmittel auf jeden Fall mehrmals und regelmäßig wiederholt anbieten müssen, bis Ihr Kind sich dazu entschließt, sie in den Mund zu nehmen, sie zu probieren und dann später zu entscheiden, ob sie gemocht werden oder nicht. Im Schnitt braucht es für diese Entscheidung etwa 10 bis 15 Kontakte mit ein und demselben Lebensmittel. Kinder brauchen Zeit, um ihr Geschmacksgedächtnis zu füllen und das Gewöhnungsprogramm laufen zu lassen.

TIPP

Beherzigen Sie die Grundregel für den Familientisch: »Wir Eltern entscheiden, wann, was und wie gegessen wird, die Kinder entscheiden, ob und wie viel sie davon essen«.

Allerdings ist der wichtigste Schritt der erste Kontakt. Wenn dieser freiwillig und ohne negativen »Beigeschmack« geschieht, bekommt Ihr Kind Mut, es noch einmal – vielleicht mit einem anderen Sinn – zu probieren. Jedes Kind hat ein grundlegendes Bedürfnis, hier wie in allen anderen Situationen des Alltags respektvoll angenommen, verstärkt und bekräftigt zu werden. So ist es wichtig, dass Sie allein den Versuch loben, dass Ihr Kind zu einem neuen Lebensmittel Kontakt aufnimmt – und wenn es nur darum geht, dass eine einzige Erbse in den Mund gesteckt wurde. Mit Loben meine ich, die eigene Freude zum Ausdruck zu bringen und nicht: »Das hast du aber gut gemacht«, denn das könnte sehr schnell dazu führen, dass das Kind nur wegen des zu erwartenden Lobs und dem dahintersteckenden Gefühl »Ich bin gut, ich entspreche den Erwartungen meiner Eltern« das eine oder andere in den Mund steckt. Ist der Erstkontakt hingegen mit einem Druck verbunden (»Du musst das jetzt essen«), ist die Wahrscheinlichkeit groß, dass genau dieses Lebensmittel erst einmal negativ belegt wird. Es kann auch passieren, dass die allgemeine Neugier gedämpft wird und Ihr Kind sich gegenüber neuen Lebensmitteln verschließt. Die Aussage »Bevor du das nicht einmal probiert hast, kannst du nicht sagen, dass es dir nicht schmeckt« gilt eben nicht. Sagen Sie doch lieber: »Ich gebe dir Zeit, das neue Lebensmittel mit allen Sinnen kennenzulernen, und biete es dir immer wieder so oder anders zubereitet an. Du entscheidest, wann und ob du es in den Mund nehmen möchtest«.

Zum Nachahmen gehört das Vorleben

Besonders hilfreich ist es, wenn Sie als Eltern klar und transparent das Essverhalten Ihren Kindern vorleben, das Sie sich von ihnen wünschen – und

15

das 24 Stunden am Tag. Und an genau dieser Stelle scheitern viele Familien.

Gestalten Sie beim Essen eine angenehme Atmosphäre. Sorgen Sie dafür, dass bei der Mahlzeit weder Telefon noch Fernsehen, Streit, schlechte Laune und unangenehme Themen die Konzentration auf das Essen und die positive Grundstimmung stören.

Bis zu einem Alter von etwa 1½ Jahren essen die meisten Kinder alles das, was ihnen ihre Eltern anbieten. Die Kinder gehen davon aus – und damit haben sie ja auch während der Milch- und Beikostzeit gute Erfahrungen gemacht –, dass das, was die Eltern anbieten, eine »sichere Nahrung« ist. Am wohlsten, sichersten und geborgensten fühlen sie sich noch, wenn sie auf dem Schoß eines Elternteils sitzen und von deren Teller mitessen dürfen. Bis zum 4. Lebensjahr entwickeln Kinder mehr und mehr eigenen Willen. Zeitgleich zu ihrer allgemeinen Autonomiebestrebung wollen sie auch eine individuelle Essensauswahl treffen und selbst Lebensmittel für sich als sichere und weniger sichere Lebensmittel einteilen. Hier geht es einzig und alleine um Vorsicht, nicht um Verzicht. Wir helfen ihnen, indem wir diese vorsichtige Herangehensweise an das Essen nicht als Affront gegen das Essen oder womöglich gegen uns

WISSEN

Feste Regeln sind hilfreich

Bei jeder Form der Erziehung und auch hier bei der Ernährungserziehung sind Regeln hilfreich und erleichtern den Umgang miteinander. Hier unterstützen sie das Funktionieren einer Essensgemeinschaft. Hier eine Zusammenstellung einiger Regeln, die sich im Alltag bewährt haben:

- Jede Mahlzeit hat einen Beginn und ein Ende, damit sich zu den Mahlzeiten der Hunger auch wirklich einstellen kann, denn Hunger ist der beste Koch.
- Gegessen wird gemeinsam und es gibt für alle das gleiche Essen. So steht niemand im Mittelpunkt, denn derjenige, der im Mittelpunkt steht, weil er ein anderes Essen bekommt, gehört nicht zur Gemeinschaft.
- Jeder darf sich ein Essen wünschen, darf aber auch höflich und freundlich bestimmte Lebensmittel ablehnen, ohne Druck zu spüren.
- Jeder darf so viel nehmen, wie er essen kann. Dies erfordert jahrelange Übung und gilt natürlich nur, wenn das Angebot am Tisch nach den Regeln des Ernährungsrads zusammengestellt worden ist. Sie finden dies im Kapitel »Ist Ihr Kind ausreichend und gut versorgt?« (Seite 19).
- Einigen Sie sich auf bestimmte Tischmanieren, um die sich alle entsprechend ihren Fähigkeiten bemühen sollten.

ansehen, sondern als einen wichtigen Entwicklungsschritt auf dem Weg zu einer »Esspersönlichkeit«.

Ab dem 5. Lebensjahr kommt dann als zusätzlicher Sicherheitsgarant für das Essen und das Leben allgemein die Fähigkeit des sozialen Lernens dazu. Die Kinder sind nun in der Lage, verschiedene Vorerfahrungen zusammenzuführen und auf dieser Grundlage Mut für neue Entscheidungen zu schöpfen. Zum Beispiel kann Ihr Kind, wenn es mit der Käsesauce beim Blumenkohl gute Erfahrungen gemacht hat, jetzt auch die helle Sauce in anderen Speisen gut finden. Nach der Grundschulzeit verabschieden sie sich von ihren alten Gewohnheiten. Auch die Welt der Freunde bestimmt – allerdings auf der Basis des eigenen Geschmacksgedächtnisses – dann zunehmend den Essalltag.

Jetzt geht es in die Küche

Die Zubereitung von Mahlzeiten ist im Leben mit Kindern ein Bereich, den wir gut planen und strukturieren können, weil er so konkret ist. Die Anzahl der Mahlzeiten, die Rezeptideen, der Einkauf, das Kochen und das gemeinsame Essen wiederholen sich täglich in fast unveränderter Form, denn eines ist klar: Mehrmals am Tag wird gegessen.

Anzahl der Mahlzeiten

Kinder brauchen vier bis fünf Mahlzeiten am Tag, die sich in drei Hauptmahlzeiten und ein bis zwei Zwischenmahlzeiten aufteilen lassen. Dabei ist es günstig, dass zwischen den Mahlzeiten mindestens 2 ½ Stunden liegen, in denen nicht gegessen wird. Hierfür sprechen zunächst gesundheitliche Gründe, wie zum Beispiel die Zahngesundheit und die Dauer diverser Stoffwechselvorgänge. In diesen Pausen kann Ihr Kind aber auch ungestört spielen – und Sie als Eltern können sich in der Zeit auch anderen Dingen als der Essenszubereitung widmen.

Früher war es selbstverständlich, dass die sogenannte warme Mahlzeit am Mittag eingenommen wurde, doch dies hat sich im Laufe der Jahre in vielen Familien – angepasst an die veränderten Familien- und Arbeitssituationen – verändert. Häufig wird erst am Abend gemeinsam warm gegessen. Diese gemeinsame Abendmahlzeit sollte aber möglichst nicht später als um 18 Uhr eingenommen werden. Die

Erfahrung zeigt, dass vor allem kleine Kinder sonst zu müde sind, um sich an dieser wichtigen Mahlzeit satt zu essen. Schnell geschieht es, dass sie sich in ihren »Zwischenmahlzeiten« oder durch »Daueressen« im Laufe des Nachmittags so satt gegessen haben, dass der Appetit für die Hauptmahlzeit nicht mehr ausreicht.

Achten Sie aber darauf, dass Kinder anders als Erwachsene am Mittag mindestens ein sogenanntes »kleines Essen« brauchen. Meist reicht ein Joghurt oder ein Apfel nicht aus. Bieten Sie Ihrem Kind doch einen Pfannkuchen, eine Quarkspeise mit Flocken oder Pellkartoffeln mit Quark an.

Isst Ihr Kind bei der Tagesmutter oder in der Kindertagesstätte mittags warm, kann es durchaus am Abend noch einmal eine warme Mahlzeit mit der Familie bekommen. Hier sollten Sie allerdings darauf achten, dass es nicht zweimal am Tag Fleisch oder Fisch, sondern Gemüse gibt.

Was gibt es heute?

Wie finden Sie Antworten auf diese täglich wiederkehrende Frage? Lassen Sie sich anregen durch das saisonale Angebot von Gemüse und Obst, horchen Sie auf die daraus resultierenden »Gelüste« und planen Sie mit der zur Verfügung stehenden Zubereitungszeit. Schnell entstehen dann die Rezeptideen.

Tipp

Stimmen Sie Ihren Essensplan mit dem der Tageseinrichtung Ihres Kindes ab. So vermeiden Sie unnötige Doppelungen, die Ihrem Kind den Appetit verderben könnten.

Dabei ist es hilfreich, Folgendes zu bedenken:
- Das Wunschessen Ihres Kindes sollte regelmäßig auf dem Plan stehen. Bei mehreren Kindern heißt das natürlich, abwechselnd die Wünsche zu berücksichtigen.
- Kartoffeln, Reis, und Nudeln wechseln sich gerne ab.
- Gibt es familiäre Traditionen, die einen Rhythmus vorgeben? Beispielsweise den Fisch am Freitag oder die

Pfannkuchen am Samstag, für die der Vater zuständig ist?
- Ein Blick auf die Vorräte im Kühlschrank und in der Vorratskammer fördert auch neue, kreative Ideen.
- Neue Rezepte machen Lust zum Nachkochen.
- Exotische Gewürze peppen altbekannte Gerichte auf.

Der Einkauf

Stehen die Ideen für die Mahlzeiten der nächsten Tage fest, geht es darum, den Einkauf zu organisieren. Hierbei ist es günstig, einen einigermaßen guten Überblick über die Vorräte zu haben, um dann nur noch das, was fehlt, zusätzlich einkaufen zu müssen. Dies hängt natürlich auch davon ab, wie Ihre Lagermöglichkeiten sind, die besonders in der Sommerzeit, in der vieles gekühlt werden muss, mitunter der begrenzende Faktor sind. Es gibt ja sehr verschiedene Kühlgeräte, in denen sich gerade Gemüse und Obst sehr unterschiedlich lange frisch halten lassen.

Kaufen Sie Ihre Lebensmittel möglichst frisch ein und lagern Sie diese optimal. Dieses Verfahren ist zeitlich und in der Regel auch finanziell viel günstiger als der tägliche Einkauf von vermeintlich frischem Gemüse und Obst, das aber vielleicht schon ein oder zwei Tage offen in der Auslage gelegen hat.

Lassen Sie sich von saisonalem und aus der Region angebotenem Gemüse und Obst verführen, die Erdbeeren in der Erdbeersaison schmecken einfach viel besser als zu Weihnachten, und wenn die Bohnen dann frisch angeboten werden, sind sie schon geschmacklich und von Aussehen auch verführerisch besonders für die Kinder, die die Bohnen dann »abknipsen« dürfen.

Wenn Sie sich entscheiden, Bio-Produkte einzukaufen, kann ich Sie darin nur bestätigen. Aber es muss nicht immer »bio« sein. Gerade wenn es

Welche Lebensmittel darf man wo und wie lange aufheben?

Produkt	Wie?	Wo?	Wie lange?
Frische Milch	Originalverpackung	Kühlschrank	5 Tage
Joghurt, Quark, Dickmilch	Originalverpackung	Kühlschrank	10–14 Tage
Butter	Originalverpackung oder Butterdose	Kühlschrank	14 Tage
Käse	spezielles Käsepapier oder Dosen	Kühlschrank	14 Tage
Parmesan	Küchenhandtuch	Kühlschrank	mehrere Monate
Eier	Eierfach oder Karton	Kühlschrank	3 Wochen
Schwein, Rind, Lamm	Glas oder Porzellanschüssel, mit Teller abgedeckt	Kühlschrank	2–3 Tage
Geflügel oder Hackfleisch	Originalverpackung	Kühlschrank	sofort essen
frische Wurst	spezielles Papier oder Dose	Kühlschrank	3–5 Tage
luftgetrocknete oder geräucherte Wurstwaren	Küchentuch oder spezielles Papier, locker verpacken	Kühlschrank	4 Wochen
Brot oder Brötchen	Brotkasten oder -dose oder Papiertüte und lockere Plastiktüte	Zimmertemperatur	2–14 Tage

um Gemüse und Obst geht, steht das Kriterium »Frische« vor dem Kriterium »Bio« – eine frische konventionelle Karotte ist wertvoller als eine schlaffe Biokarotte.

Tipp

Nehmen Sie sich nach dem Einkauf immer genügend Zeit, die Lebensmittel gut zu versorgen und gegebenenfalls zu waschen, um sie dann optimal lagern zu können.

Gemeinsam gekocht schmeckt allen!

Die Zubereitungszeit der Mahlzeiten sollten Sie gut in den Tagesplan einbauen. So können Sie zum Beispiel den Reis schon während des Frühstücks garen und dann ausquellen lassen und der Salat ist schneller zubereitet, wenn er bereits nach dem Einkauf gewaschen worden ist und die Salatsauce schon für die Woche fertig ist.

Hilft Ihr Kind Ihnen in der Küche, so nutzen Sie diese wertvolle Beziehungszeit dafür, Ihr Kind zu »genießen«, aber auch, Ihrem Kind ganz viel zu zeigen und beizubringen. Und ganz nebenbei bereiten Sie gemeinsam ein frisches Essen zu, für dessen Geschmack Sie alle Verantwortung übernommen haben, weil Sie es auch gemeinsam abgeschmeckt und sich auf eine Geschmacksrichtung geeinigt haben.

Im Rezeptteil finden Sie daher in allen Rezepten viele Anregungen, wie Sie »arbeitsteilig« mit Ihrem Kind die Mahlzeiten zubereiten können. Vertrauen Sie Ihrem Kind und seinen Fähigkeiten und nehmen Sie sich Zeit dafür. Diese Zeit ist nicht verloren, sondern eine gewonnene Zeit für Familiengemeinsamkeiten.

Das Mitmachen bei der Zubereitung stärkt das Vertrauen Ihres Kindes in Sie, denn Ihr Kind erfährt von Beginn an, welche Zutaten eingesetzt werden. Kinder wollen weder belogen werden, indem zum Beispiel das Gemüse im Essen nicht erkennbar versteckt wird, noch wollen sie zu irgendetwas überredet werden – Ehrlichkeit und Freiwilligkeit sollte hier selbstverständlich sein. Gemüseschummel ist unfair!

Die Mahlzeit als Familienerlebnis

Ist der Tisch dann gedeckt, wird gemeinsam gegessen und die wichtigste Zutat ist die Zeit. Die Essenszeit ist eine Erlebniszeit für die ganze Familie. Hier hat die Familie die Möglichkeit, sich als Team zu formieren – zu kaum einer anderen Zeit ist eine Familie so eng miteinander verbunden. Alle Sinne werden angesprochen und die Familienmitglieder haben Gelegenheit, sich auszutauschen, ohne sich auszuweichen.

Das gemeinsame Essen ist essentieller Bestandteil unserer Kultur, nicht nur in der Familie, auch bei Freunden und später im Arbeitsleben. Und aus meiner Erfahrung kann ich Ihnen sagen: Auch Kinder, die bereits zu Hause ausgezogen sind, kommen gerne zu Mahlzeiten wieder nach Hause. Auch dann ist die Essenszeit eine wichtige Zeit für Beziehungspflege und zum Reden.

Gemeinsam und zu Hause zu kochen und zu essen heißt, unseren Kindern eine lebendige und nachhaltige Esskultur ohne erhobenen Zeigefinger zu vermitteln. Freude, Gelassenheit und Liebe spielen dabei die wichtigste Rolle!

Ist Ihr Kind ausreichend und gut versorgt?

Das Ernährungsrad zeigt Ihnen auf einen Blick, wie viele Portionen pro Tag oder pro Woche einer Lebensmittelgruppe Ihr Kind für ein optimales Wachstum benötigt. Schaffen Sie es, dass sich das Rad einmal am Tag komplett dreht, ist Ihr Kind automatisch mit allen Nährstoffen prima versorgt.

Da es aber Tage gibt, an denen nichts nach Plan verläuft, wie zum Beispiel Kindergeburtstage oder Ausflüge, und auch Tage, an denen kranke Kinder einfach wenig oder einseitig essen, sollte man nicht einen Tag, was das Essen angeht, bewerten, sondern immer den Verlauf einer Woche beurteilen. Ein Tag, an dem der »grüne Bereich« des Ernährungsrads mit Obst und Gemüse besonders berücksichtigt wird, kann einen Eis- und Pommestag ausgleichen.

Die Farben des Rads verdeutlichen: Rot heißt: sparsam genießen, Gelb: in Maßen und Grün: kräftig zuschlagen.

Das bedeuten die Symbole

Getränke
100–140 ml

Gemüse und Obst
1 Portion = 1 Kinderhand

Brot, Nudeln, Flocken
20–40 g

Fleisch, Fisch und Eier
30–40 g

Milch und Milchprodukte
150–200 g

Öl/Butter
10–20 g

Süßes/Fettreiches
30–50 g

Wie groß ist eine Portion?

Am Ernährungsrad kann man leicht erkennen, wie häufig man am Tag welche Lebensmittel aus welcher Lebensmittelgruppe essen sollte. Für die Portionsgröße gibt die Größe der

Hand einen guten Richtwert – im Übrigen auch für die Erwachsenen! Wie viel Ihr Kind wovon essen und trinken darf und sollte, wird von der Handgröße Ihres Kindes bestimmt. Ihr Kind wächst, die Hand wird größer, der Bedarf an Nährstoffen wird größer und damit auch die Portionsgrößen.

- Bei den Getränken ist die Größe des Trinkglases maßgeblich. Das Trinkglas ist so groß, dass es das Kind gut mit einer Hand halten kann, ein Glas für ein einjähriges Kind fasst max. 50 ml, das Glas für ein dreijähriges Kind 100 ml. Das heißt, sechs Gläser im Ernährungsrad bedeuten für ein einjähriges Kind 6 x 50 ml = 300 ml, während ein dreijähriges Kind bereits 6 x 100 ml = 600 ml trinken sollte.
- Ist das Gemüse aufgeschnitten oder handelt es sich um Beerenobst, entspricht eine Portion der Menge, die in beide Hände passen, die wie eine Schale gehalten werden.
- Festes Obst oder Gemüse wird mit einer Hand gemessen – der Apfel sollte gut in eine Hand passen und entspricht damit einer Portion.
- Die Scheibe Brot ist so groß wie die Handinnenfläche.
- Flocken, Reis und Nudeln werden mit beiden Händen, die wie eine Schale gehalten werden, gemessen.
- Bei Milch und den Milchprodukten kommen wir in den gelben Bereich. Das heißt: Hier gibt es Mengenobergrenzen unabhängig von der Handgröße.
- Die Fleischportion ist so groß wie der Handteller und ca. 0,5–1 cm dick.

- Die Süßigkeiten passen in ein kleines Händchen.
- »Freie Fahrt« heißt es also bei Wasser, Gemüse, Obst und den Sattmachern Brot und Co., hier gibt die Handportion den Richtwert für die gute Versorgung – aber es kann ruhig auch etwas mehr sein. Mit »weniger Gas« sollte Ihr Kind bei tierischen Lebensmitteln fahren, bei Fettem und Süßem besser anhalten.

Wasser, Tee und Schorle: reichlich zum Durstlöschen

Die empfohlenen Mengen liegen bei 110 ml Flüssigkeit pro kg Körpergewicht. Das heißt, ein 10 kg schweres Kind braucht einen guten Liter Flüssigkeit. Gibt es mittags Suppe, können Sie diese Menge abziehen. Für die Praxis bedeutet das: Ihr Kind trinkt so viel, wie es trinkt – Sie bieten ihm ein Getränk aus dem Glas an und trinken selber mit, fertig. Bei größeren Kindern macht es Sinn, das Getränk so zu positionieren, dass das Kind sich selbst bedienen kann. Achtung: Starker Durst signalisiert, dass dem Körper bereits Flüssigkeit fehlt. Bleiben Sie bei Wasser und/oder ungesüßten Tees. Saftschorlen gibt's, wenn überhaupt, zu den Mahlzeiten, damit weder die Zähne noch der Blutzuckerspiegel belastet werden. Milch wird übrigens nicht als Getränk angerechnet, sondern gehört zu den Lebensmitteln.

Vielleicht kennen Sie von Ihren Eltern die Regel, dass bei Tisch nichts getrunken wird. Vergessen Sie das!

Weder wird der Magensaft verdünnt, noch wird die Verdauung gestört. Das Einzige, worauf Sie achten sollten, ist, dass Ihr Kind nicht das lediglich ange-kaute Essen hinunterspült!

Wie viel Flüssigkeit?

6 Gläser, wobei das Glas so groß ist, dass es spielend mit einer Hand gehal-ten werden kann.

- 1 bis 3 Jahre: 300–700 ml pro Tag
- 4 bis 6 Jahre: 800 ml pro Tag
- 7 bis 12 Jahre: 1100 ml pro Tag
- Im Hochsommer und nach sport-lichen Aktivitäten erhöht sich der Bedarf.

Welche Getränke?

- Wasser
- ungesüßte Tees, wie z. B. Hagebutte, Hibiskus, Apfelschalen oder Kräu-terteemischungen
- verdünnte Säfte mit Wasser oder Tee im Verhältnis 1:3 bis 1:4

Gemüse und Obst: mehr, als die Hände tragen können

Gemüse und Obst liefern in frischer und roher bzw. schonend gegar-ter Form eine Fülle von Vitaminen, Mineralstoffen, sekundären Pflan-zenstoffen und Ballaststoffen und zugleich wenig Energie. Zusätzlich haben Gemüse und Obst einen ho-hen Wasseranteil. Es gilt: Mindestens zwei Portionen Obst frisch und roh essen, Gemüse zur Hälfte roh und zur anderen Hälfte in schonend gegarter Form. Wie viel sollte es denn sein? Die 5-am-Tag-Regel kann auch schon

beim Einjährigen angewandt werden, das heißt: fünfmal am Tag eine Por-tion frisches Gemüse bzw. Obst. Eine Portion ist die Menge, die, wie oben bereits erklärt, in die jeweilige Hand des Essers hineinpasst. Schauen Sie sich die Hand Ihres Kindes in diesem Alter an und probieren Sie aus, was hineinpasst.

Für die Praxis heißt das: Zum Früh-stück gibt es einen halben Apfel, zum zweiten Frühstück die andere Hälfte. Beim Mittagessen gibt es Frischkost, zum Beispiel als Salat. Am Nachmit-tag gibt es dann ein paar Erdbeeren

oder eine Mandarine, je nach Saison, und zum Abendessen Tomaten- oder Gurkenscheiben auf dem Brot. Viel-leicht mag Ihr Kind auch Gemüse-sticks mit Dip. Ein Glas frisch gepress-ter Obst- oder Gemüsesaft ist auch eine willkommene Abwechslung.

Die Frischkost ersetzt aber nicht das gegarte Gemüse zum Mittagessen. Einige Vitamine und besonders die Mineralstoffe werden nur durch scho-nend gegartes Gemüse gut aufgenom-men. Bei Obst und Gemüse gibt es keinerlei Einschränkungen bezüglich der Sorten. Was gekaut und vertragen

21

wird, darf gegessen werden. Wenn Kohl oder Hülsenfrüchte richtig gegart werden, machen sie selbst kleinen Kindern keine Probleme, liefern aber sehr wertvolle Nährstoffe.

Wie viel Gemüse und Obst pro Tag?

- 5-mal am Tag eine Portion (1 Portion = 1 Hand voll)
- 1 bis 3 Jahre: 330–430 g pro Tag + 90 g Kartoffeln
- 4 bis 6 Jahre: 500–550 g pro Tag + 130 g Kartoffeln
- 7 bis 12 Jahre: 600–650 g pro Tag + 170 g Kartoffeln

Welches Obst und Gemüse und wie zubereitet?

- alle Obst- und Gemüsesorten und saisonal, regional, reif und frisch, möglichst aus kontrolliert biologischem Anbau
- Obst immer roh
- Gemüse zur Hälfte roh, zur Hälfte schonend gegart
- 1-mal pro Woche Hülsenfrüchte

Brot, Nudeln und Flocken: zum Sattessen

Getreide und Getreideprodukte aus dem vollen Korn sowie Hülsenfrüchte versorgen uns mit vielen komplexen Kohlenhydraten, die wichtigste Energiequelle für unseren Körper. Vollkornprodukte sind reich an Ballaststoffen, B-Vitaminen, Mineralstoffen, Stärke, Eiweiß und mehrfach ungesättigten Fettsäuren. Die wertvollsten Nährstoffe befinden sich im Keim und in den Randschichten des Getreidekorns, welche nur in 100-prozentigen Vollkornprodukten enthalten sind.

Ob Sie sich für Dinkel, Weizen oder Roggen entscheiden, ist egal – Sie werden schnell herausbekommen, welche Sorte Ihr Kind am liebsten mag. Mit einem hohen Anteil (mehr als 20 Prozent) von ganzen Körnern oder Saaten kommt ein Kind, das noch nicht gut kauen kann, schlecht zurecht. Sonnenblumen- oder Kürbiskerne und Getreidekörner schaden Ihrem Kind nicht, aber bringen auch nichts, wenn Sie sie unverdaut in der Toilette bzw. Windel wiederfinden. Das Kind hat dann eher tendenziell zu wenig Getreide aufgenommen.

Schon etwas ältere Kinder werden durch den hohen Ballaststoffanteil zum intensiven Kauen angeregt, was die Entwicklung des Kiefers fördert und gut ist für die Zähne. Nicht zu unterschätzen ist auch, dass ein hoher Anteil von Ballaststoffen Verstopfung vorbeugt.

Was kommt aufs Brot?

Kinder lieben Frischkäse oder Schnittkäse wie beispielsweise Gouda oder Bergkäse. Auch vegetarische Gemüseaufstriche, magerer Bratenaufschnitt und selbst gemachte Fruchtaufstriche essen auch die Kleinen schon gerne. Nussmuse, die es im Bioladen im Glas zu kaufen gibt, sind besonders empfehlenswert, aber auch selbst gemachte herzhafte Aufstriche. Auch Bananenscheiben, zerdrückte Avocado, Scheibchen von Radieschen oder Tomatenwürfel bieten eine gute Abwechslung, bestimmt auch für die ganze Familie!

Müsli und Vollkorn-Pasta

Essen Sie morgens gerne Müsli, werden Sie sicherlich auch Ihr Kind dafür begeistern können. Feine Haferflocken, gemahlene Mandeln und eingeweichte Rosinen schmecken schön mild und lassen sich prima mit Milch, Joghurt oder Dickmilch kombinieren. Wenn noch klein geschnittene Früchte oder auch Obstmus dabei sind, umso besser. Eine Besonderheit kann über das Müsli gestreutes selbst gemachtes Crunchy- oder Schokomüsli sein.

Vollkornnudeln, Vollkornreis oder auch andere Getreide wie Couscous, Bulgur, Hirse und Polenta haben ihren Auftritt beim Mittagessen, ob als Backling, Salat oder Kuchen.

Wie viel Getreide pro Tag?

- 1 bis 3 Jahre: 80–120 g pro Tag (entspricht etwa 4 Scheiben Brot; eine Scheibe Brot ist so groß wie die Handinnenfläche); 1 Scheibe Brot können Sie durch 1 Portion Flocken oder Müsli ersetzen (eine Portion Flocken passt in die Schale, die aus zwei Händen geformt ist)
- 4 bis 6 Jahre: 170 g
- 7 bis 12 Jahre: 230 g

Welche Getreideprodukte?

- Brot und Backwaren aus 100 Prozent Vollkornmehl
- Brote aus fein gemahlenem Mehl
- Vollkornreis, Bulgur, Couscous oder Polenta

- Vollkornnudeln (aus Hartweizen schmecken sie besonders gut)
- ungesüßte Vollkornflocken

Milch und Milchprodukte: maßvoll genießen

Mit 300 bis 500 ml Milch und Milchprodukten decken Sie den größten Teil des Tagesbedarfs an Kalzium eines Kindes. Kalzium ist durch nichts zu ersetzen und sehr wichtig für das Wachstum eines Kindes, also für den Aufbau der Knochen und der Zähne. Es gibt auch andere natürliche Kalziumquellen, wie z.B. Mandeln, Sesam, Fenchel oder Brokkoli. Sesam und Mandeln eignen sich aber nicht dazu, in großen Mengen verzehrt zu werden, da sie viel Fett enthalten.

Milch liefert auch Jod, Vitamin B_2, B_{12}, D und hochwertiges Eiweiß. Mehr als ein halber Liter sollte es aber nicht sein, denn Milch sättigt. Je mehr Milch bzw. Milchprodukte ein Kind aufnimmt, umso weniger Obst, Gemüse und Getreide isst es.

Sauermilchprodukte, wie Joghurt, Dickmilch oder Quark, sollten Sie am besten ungesüßt und mit natürlichem Fettgehalt anbieten. Verzichten Sie auch auf Frucht- oder Vanillejoghurt aus dem Kühlregal: Zu viel Zucker und Aromen verderben den Geschmackssinn. Gegen frisch pürierte Früchte im ungesüßten Joghurt oder Quark ist hingegen nichts einzuwenden. Käse auf Brot oder im verarbeiteten Zustand im Auflauf bzw. gerieben

zu Nudeln ist ebenfalls eine dankbare Alternative, die wichtigen Nährstoffe der Milch ins Kind zu befördern. Nicht nur milde Sorten sind beliebt, Kinder lieben auch Parmesan, beispielsweise zu Vollkornspaghetti, und kräftigen Bergkäse.

Wie viel Milch und Milchprodukte pro Tag?
- Zum Beispiel: Ein Glas Milch, ein Becher Joghurt passt in eine Kinderhand, eine Scheibe Käse ist so groß wie die Handinnenfläche.
- 1 bis 3 Jahre: 300–350 ml pro Tag in 3 Portionen
- 4 bis 6 Jahre: 350–380 ml pro Tag in 3 Portionen
- 7 bis 12 Jahre: 400 ml pro Tag in 3 Portionen

Welche Milch und Milchprodukte?
- pasteurisierte Milch, 1,5 % oder 3,5 % Fett
- pasteurisierter Joghurt, 1,5 % oder 3,5 % Fett
- naturbelassener Käse, Schnittkäse, Hartkäse, Weichkäse, Frischkäse
- Joghurt und Dickmilch ersetzen die Milch 1 : 1.
- 100 ml Milch können durch 10 g Parmesan, 15 g Schnittkäse oder 30 g Weichkäse ersetzt werden.

Fleisch, Fisch und Eier: als Beilage

Fleisch enthält Eisen und noch viele andere wertvolle Mineralstoffe und Vitamine, die der Körper sehr gut verwertet. Ein bis zwei Mal pro Woche

eine kleine Menge reicht völlig. Hackfleisch oder Geschnetzeltes kommt bei den meisten kleinen Kindern am besten an.

Fisch bereichert den Speiseplan Ihres Kindes – mit seinem Gehalt an Jod und Omega-3-Fettsäuren ist er eine hervorragende Ergänzung zu Fleisch. Etwa einmal pro Woche etwas Hochseefischfilet, lautet die Empfehlung. Nehmen Sie das Schwanzstück vom Filet, dann haben Sie die Garantie für grätenfreien Fisch.

1 bis 2 Eier pro Woche machen den Speiseplan, was die tierischen Lebensmittel angeht, dann komplett. Sie sind leicht verdaulich und enthalten gut zu verwertendes Eiweiß, Vitamine und Mineralstoffe. Ein kleines Rührei mit Schnittlauch, ein Frühstücksei oder ein Pfannkuchen mit Gemüsefüllung kommen in der Regel sehr gut bei Kindern an.

Wie viel Fleisch, Wurst, Fisch und Eier?
Die Fleischportion misst sich an der Größe des Handtellers.

1 bis 3 Jahre:
- Fleisch: 50–60 g pro Woche
- Fisch: 50–70 g pro Woche
- Eier: 1–2 pro Woche
- Wurst: ½ Scheibe pro Tag

- 4 bis 6 Jahre:
- Fleisch: 80 g pro Woche
- Fisch: 100 g pro Woche
- Eier: 1–2 pro Woche
- Wurst: max. 7 Scheiben pro Woche

- 7 bis 12 Jahre:
- Fleisch: 120–150 g pro Woche
- Fisch: 150–180 g pro Woche
- Eier: 2 pro Woche
- Wurst: max. 7 Scheiben pro Woche

Welche Sorten und in welcher Form?

- mageres Fleisch, z.B. Rindfleisch, Lammfleisch, Geflügelfleisch
- magere Wurst, z.B. Schinken ohne Fettrand, Bratenaufschnitt, Corned Beef, Geflügelwürstchen (die Scheibe Wurst an der Fleischtheke zählt mit)
- Hochseefisch: Lachs, Seelachs, Kabeljau, Hering
- Eier: gut durchgegart (Ei in Kuchen, Bratlingen und Desserts zählt mit)

Fette: sparsam genießen

Fette sind Träger von fettlöslichen Vitaminen und sekundären Pflanzenstoffen, z.B. den Geschmacksstoffen. Pflanzliche Fette liefern dazu die wertvollen und essentiellen mehrfach ungesättigten Fettsäuren, Butter, als tierisches Fett liefert unter anderem das für die Hirnentwicklung der Kinder wichtige Lecithin. Hierzulande wird immer vor zu viel Fett gewarnt, doch die meisten Fette nehmen wir in versteckter Form auf, die meist von minderwertiger Qualität sind. Nudeln mit Olivenöl, Kartoffeln mit Quark und Leinöl oder Rapsöl in der Salatsauce oder über gegartem Gemüse sind Möglichkeiten, das Fett gezielt und geschmacklich abgestimmt einzusetzen.

Wie viel Fett? Sehr wenig!

- 1 bis 3 Jahre: 15–20 g pro Tag, 1–2 Esslöffel
- 4 bis 6 Jahre: 25 g pro Tag
- 7 bis 12 Jahre: 30 g pro Tag
- Dies gilt für die sichtbaren Fette, also Öle, Streich- und Kochfett. Den Anteil versteckter Fette in Kuchen, Wurst und Käse bitte möglichst klein halten.

Welche Fette?

- Rapsöl und Olivenöl, kaltgepresst und nativ, für Salate, zum Dünsten von Gemüse
- Butter, als Streichfett
- Butterschmalz oder Kokosfett zum Braten

Mit Kindern kochen – Kreativität und gute Laune sind angesagt

Die Küche ist schon von klein an das schönste Spielzimmer für Ihr Kind. Auf der Krabbeldecke liegend, mit der Möhre in der Hand, fängt es an, später werden dann sitzend die Kunststoffdosen gestapelt und mit 15 Monaten kochen sie uns schon die schönsten Gerichte aus rohen Nudeln. Nutzen Sie die Neugier und Begeisterungsfähigkeit Ihres Kindes und führen Sie es von klein auf in die Geheimnisse der Kochkunst ein.

Die Küche ersetzt das Klassenzimmer

Überlegt man, was Kinder beim gemeinsamen Planen, Einkaufen, Kochen, Essen und Aufräumen alles lernen können, bleibt schon fast die Frage offen, warum wir sie noch zur Schule schicken:

- Mit dem Auswählen des Gerichtes fängt es an. Hier üben sie sich im Entscheiden. Grundschulkinder haben dann schon eine Leseübung und beim Aufstellen des Einkaufszettels auch eine Schreib- und gegebenenfalls eine Rechenübung absolviert.
- Beim gemeinsamen Einkauf lernen die Kinder, woher die Lebensmittel kommen, wenn sie Saison haben, welche Qualitäten der Markt bietet und später dann auch den Preisvergleich.
- Zu Hause angekommen, sind Organisation und Zeitmanagement gefragt. Kinder lieben es, die Zutaten nach der Reihenfolge ihres Einsatzes aufzustellen. Perfekt wird dann die »Mise en plâce«, wenn die be-

nötigten Küchengeräte dazugestellt werden.
- Beim Putzen, Waschen, Schälen und Schneiden kommen dann die einzelnen Werkzeuge zum Einsatz mit der Frage, welches wofür und besonders wie eingesetzt wird. Ist die Kartoffel dann beim Schälen auf Mirabellengröße geschrumpft, dann hat das Kind entweder nicht das richtige Werkzeug gewählt, oder die Feinmotorik ist noch nicht so geübt.
- Wenn die Vorarbeiten dann erledigt sind und das eigentliche Kochen beginnt, kommen auch schon von den ganz Kleinen viele Fragen. Wer hat denn den ganzen Spinat genascht, da war doch eben noch so viel im Topf, wohin geht der Hefeteig und warum verbindet sich der Essig nicht mit dem Öl? Begleiten Sie Kinder beim Kochen, dann hilft es, wenn Sie Ihre Chemie- und Physikkenntnisse noch einigermaßen präsent haben.

Alle Sinne sind gefragt

Mit Kindern kochen ist ein Festival der Sinne. Leidenschaftlich wird hier geschaut, gerochen, gefühlt und geschmeckt. Dabei wird auf eine sehr spielerische und sinnliche Art das Verständnis für eine gesunde Ernährung geschult. Gemeinsames Kochen fördert die soziale Kompetenz. Kinder genießen die gemeinsamen Stunden mit ihren Eltern, die ihnen das Gefühl

WISSEN

Bevor es losgeht
- Hände mit Seife gründlich waschen
- Haare zusammenbinden
- Ärmel hochkrempeln
- Schürze oder altes T-Shirt anziehen
- Rezept gemeinsam gut lesen
- Aufgaben verteilen
- Zutaten zusammenstellen
- Küchengeräte zurechtlegen
- Abfalleimer bereitstellen
- Zwischendurch aufräumen

der Geborgenheit und Entspannung vermitteln.

Gemeinsam kochen heißt aber auch: Teamgeist entwickeln, denn hier lernen sie, dass es beim Kochen ebenfalls langweilige Dinge zu tun gibt, die jeder aber auch machen muss. Indem Kinder in der Küche sich und ihre Grenzen kennenlernen, lernen sie ganz automatisch, mit Problemstellungen umzugehen. Also: Wenn Plan A nicht geht muss ich nach einem Plan B suchen und mir überlegen, wie ich es dann mache. Klappt dann Plan B, steigt das Selbstvertrauen eines jeden Kindes ebenso wie seine emotionale Kompetenz.

Gemeinsames Kochen mit Kindern erweitert den Horizont eines jeden – von Eltern und Kindern – und ist ein Zeichen für das gute Funktionieren einer Familie.

Das kann ich schon!

Passen Sie die Aufgaben an den Entwicklungsstand Ihres Kindes an, denn Forderung stärkt, Unterforderung schwächt und Überforderung macht Stress.

Gerne erinnere ich mich an folgende Episode: Mit 3 ½ Jahren fragte mich unsere Tochter: »Darf ich heute schneiden?« »Ja«, sagte ich, »gerne, sollen wir Chicorée- oder Möhrensalat essen?« »Chicoréesalat, den mag ich zwar nicht, den kann ich aber besser schneiden!«

Schon vor dem 2. Geburtstag können Kinder weiche Lebensmittel gut schneiden. Champignons, reife Birnen, Bananen, Erdbeeren, Avocado, Mozzarella, Brotscheiben. Das Rühren von Salatsaucen und Quarkspeisen geht mit Unterstützung auch sehr gut. Der Hefeteig, den Sie für diese Aktion ein wenig fester halten sollten, gestaltet jedes zweijährige Kind enorm kreativ (unser 3. Sohn stopfte ihn gerne in die Schlüssellöcher). Reime und Lieder zum Thema erhöhen den Spaß. Sind sie einmal vier Jahre alt, wird der Teig in eine deutlich erkennbare Form gebracht, Äpfel, Kohlrabi und Möhren werden schon in größerer Menge und gleichmäßiger geschnitten und beim Anrühren der Salatsauce bekommen Sie schon ausreichend Unterstützung beim Abmessen der Zutaten. Mit acht Jahren sind sie dann mit den Küchengeräten wie Sparschäler, Reibe und Handmixer vertraut und in der Lage, kleine Gerichte eigenständig zuzubereiten. Da die Haushaltsküchen nicht für Kinder gebaut sind, brauchen sie insbesondere beim Abgießen (z. B. Nudelwasser) noch Hilfe. Allgemein gilt: Die Rezepte werden gemeinsam ausgewählt, sie sollten kurz und einfach sein, denn mit nachlassender Konzentration steigt die Verletzungsgefahr. Und seien Sie großzügig, wenn das Kind nach dem Lesen des »dicken, fetten Pfannekuchens« aus Sicht der Vollwerternährung zu viele Eier in den Teig geben möchte.

Grundsätzlich ist es aber von Anfang an so, dass Kinder eine besonders große Hilfe beim Abschmecken der Gerichte sind. Zunächst gibt es nur die Kategorien: schmeckt – schmeckt nicht, zu heiß – richtig in der Temperatur – zu kalt, aber sehr bald bekommen sie ein klares Gespür dafür, ob dem Gericht Salz oder Zucker fehlt oder ob es zu sauer oder zu wenig sauer ist. Wird dies gut geübt, entwickelt sich hieraus später eine gute Vorstellung davon, welches Gewürz und welche Kräuter das Gericht geschmacklich abrunden.

Auch können Kinder schon sehr früh den Tisch decken und dekorieren – das ist zwar vielleicht nicht so, wie wir Erwachsenen es uns vorgestellt haben, aber auf jeden Fall eine kreative schöne Alternative! Besonders großen Spaß haben die Kinder auch, wenn es um das Gestalten von Gemüse-, Keks- oder Obsttellern geht, auch wenn dabei die Verlustrate eventuell etwas hoch ist – unserem großen Sohn konnte man die Aufgabe, einen Keksteller zu gestalten, nicht geben.

Eine kleine Bemerkung zum Schluss: Selbst gekocht ist keine Garantie dafür, dass es auch gegessen wird, aber für das Ablaufen des Gewöhnungsprogramms und die Wertschätzung der Arbeit, die hinter einer Mahlzeit steht sehr hilfreich.

Gute Vor-
bereitung!

Wenn Sie ein paar Tipps beherzigen, steht einem gelungenen Kocherlebnis nichts mehr im Wege:

- Planen Sie für das Kochen besonders am Anfang etwa die doppelte Zeit ein. Sie brauchen die Zeit für die Anleitung beim Werkzeuggebrauch, die sinnlichen Erfahrungen, das Abschmecken und das Beantworten der Fragen. Mit viel Zeit im Rücken steigt die Toleranz für mögliche Pannen. Später, also wenn Sie mit Ihrem Kind schon öfter gekocht haben und Ihr Kind auch schon etwas älter geworden ist, werden Sie als Team immer schneller. Der zeitliche Aufwand wird insgesamt deutlich geringer sein. Sehen Sie es jetzt als eine wertvolle Beziehungs- und Lernzeit an und freuen Sie sich darauf, bald auch einmal von Ihrem Kind bekocht zu werden.
- Kaufen Sie von allen Zutaten etwas mehr ein, denn Probieren und Naschen sind erlaubt. Dies dient auch dem Kennenlernen von neuen Lebensmitteln. Zum Beispiel schneiden Sie eine Fenchelknolle erst einmal gemeinsam auf, schauen sie genau an, wie sie aufgebaut ist, wie sie riecht und wie sie sich anfühlt, und prüfen dann auch, wie sie schmeckt. Und wenn man erst einmal etwas roh probiert hat, ist es auch spannend, wie es wohl gegart schmecken wird. Nicht zu vergessen sind dann auch die Pannen, die beim Abwiegen oder auch beim schwungvollen Schütten passieren.
- Sichern Sie den Arbeitsplatz für Ihr Kind. Bei den Kleinen ist der Hochstuhl eine Hilfe, bei den etwas größeren reicht ein rutschfestes Höckerchen, auf dem sie sicher stehen können.
- Wenn das Schneidebrett keine Saugnäpfe oder Gumminoppen an der Unterseite hat, sodass es fest auf der Arbeitsplatte liegt, ist es hilfreich, ein feuchtes Küchentuch darunterzulegen, damit es nicht wegrutscht.
- Damit Ihr Kind sicher und gut schneiden kann, sollten Sie ihm ein scharfes Messer mit einer schmalen Klinge und einer abgerundeten Spitze geben. So kann Ihr Kind Hartes und Weiches gut schneiden, ohne abzurutschen und ohne sich zu verletzen. Ich habe sehr gute Erfahrungen mit einem Kinder-Opinel aus der Pfadfinderszene.
- Halten Sie für mögliche kleine Unfälle »Lieblingspflaster« bereit.
- Bereiten Sie Obst und Gemüse so vor, dass es mit einer flachen Seite sicher auf dem Brett liegt, das heißt, Sie halbieren den Apfel bzw. den Kohlrabi und bei der Möhre oder der Pastinake schneiden Sie eine dünne Scheibe der Länge nach ab. So liegt das Gemüse automatisch fest auf dem Brett und verrutscht nicht so leicht. Zeigen Sie Ihrem Kind den Krallengriff: Die Hand, die das Gemüse hält, formt eine Kralle um dieses, die Fingerkuppen werden leicht nach innen gerollt, die andere Hand schneidet und die »Krallenhand« rückt immer ein wenig zurück »in Sicherheit«.
- Stellen Sie einen Teller neben das Brett, damit das geschnittene Obst und Gemüse darauf geparkt werden kann. Wenn sich der Teller dann nicht füllt, wissen Sie, hier hat es jemandem geschmeckt; füllt er sich, wächst der Stolz bei Ihrem Kind auf das, was es geschafft hat.
- Die elektrischen Geräte sollte Ihr Kind nur mithilfe der Erwachsenen bedienen und sie sind nur dann angeschlossen, wenn sie benutzt werden.
- Lassen Sie die Henkel und Stiele von Töpfen und Pfannen immer in Richtung Wand zeigen, damit sich niemand im Vorbeigehen daran stößt oder sie herunterreißt.
- Erklären Sie Ihrem Kind die Nachwärme beim Herd und überlegen Sie sich evtl. ein Symbol, das Ihr Kind besser als die Nachwärmeanzeige Ihres Herds sehen kann, und legen Sie dieses auf/neben die noch heiße Herdplatte.
- Erklären Sie Ihrem Kind die bei Ihnen übliche Mülltrennung und stellen Sie den Mülleimer so auf, dass Ihr Kind ihn gut bedienen kann.

Gemeinsam Kochen leicht gemacht

Kinder verstehen sich in der Küche nicht als Zuarbeiter, sie möchten Verantwortung, wenigstens für Teilbereiche eines Gerichtes, bekommen und sind dankbar für jede Form von Hilfe und Unterstützung. Wer mit Kindern gemeinsam kocht, sollte darauf eingestellt sein, für viele Arbeitsabläufe mehr Zeit einplanen zu müssen. Doch das zahlt sich aus: wenn aus dem anfänglichen Interesse Ihres Kindes bald eine echte Hilfe wird. Gemeinsames Kochen stärkt den Familienzusammenhalt, hat einen hohen pädagogischen Wert, fördert das Allgemeinwissen und die Motorik und macht auch einfach Spaß!

Kochen wie die Profis – mit dem richtigen Werkzeug

Leider ist manch ein Hobbywerkraum besser ausgestattet als die Küche. Dabei gibt es einige wichtige Küchenhelfer, mit denen Sie auf der einen Seite Zeit und Mühe sparen und Ihr Kind auf der anderen Seite sicher und ungefährdet die Küchenpraxis erlernen kann.

Diese Auswahl an Utensilien sollten Sie sich gönnen:

- mindestens drei auf die Größe der Herdplatten abgestimmte Töpfe mit gut schließendem Deckel
- Großraumpfanne mit Deckel, eine beschichtete Pfanne und eine kleine Pfanne
- Sparschäler
- Schneebesen mit fester Spange
- fünf kleine Küchenmesser mit und ohne Spitze
- ein großes Schneidemesser
- ein Brotmesser
- zwei große Schneidebretter
- drei kleine Schneidebretter
- Salatschleuder
- Nudelsieb
- Messbecher
- Haushaltswaage
- Pürierstab
- Küchenmaschine mit Gemüseraspelvorrichtung
- einen leistungsstarken Standmixer
- ein Waffeleisen

Garmethoden und was man darunter versteht

Kochen: Garen bei 100 Grad in viel Flüssigkeit mit und ohne Deckel (z.B. Nudeln), beim Kochen gehen Nährstoffe ins Wasser über (unproblematisch bei Nudeln und Gemüsesuppen).

Dünsten: Garen bei 95–100 Grad »im eigenen Saft« oder in wenig Flüssigkeit bzw. Fett mit gut schließendem Deckel, eventuelles Nachgießen von Flüssigkeit erforderlich, sehr schonende Garmethoden, die geringe Flüssigkeitsmenge kann mit verwendet werden (z.B. Spinat, Fisch).

Dämpfen: Garen bei 100–120 Grad im Wasserdampf, Siebeinsatz trennt das Gargut, Gemüse oder Kartoffeln vom Wasser, mit gut schließendem Deckel, sehr schonende Garmethode, Dampfwasser mit verwenden.

Braten in der Pfanne: Garen bei 120–180 Grad mit wenig oder ohne Fett, es entstehen Röststoffe, Fett darf nicht überhitzen bzw. rauchen (z.B. Fleisch, Pfannkuchen).

Braten im Backofen: Garen bei 150–250 Grad mit wenig Fett oder Flüssigkeit oder mit trockener Heißluft, ohne Auslaugverluste, geschmacksintensiv (z.B. Kartoffeln, jedes Gemüse, Fleisch, Fisch).

Backen/Überbacken: Garen bei 150–250 Grad und Bräunen durch trockene Heißluft (z.B. Kuchen, Brot, Lasagne).

Grillen: Garen bei 300 Grad durch Hitzestrahlung, austretendes Fett verbrennt schnell (z.B. Gemüse, Fleisch, Fisch).

Frittieren: Garen in viel Fett bei 170–180 Grad, bei zu hoher Temperatur entstehen Transfettsäuren, Frittiertes ist sehr fetthaltig (z.B. Kartoffeln).

WISSEN

Sicher ist sicher

- Kinder beim Schneiden und Kochen in der Küche die ganze Zeit im Auge behalten.
- Das Kind sollte sich in sicherer Entfernung von Herd und Backofen befinden.
- Kinder von heißem oder kochendem Wasser (z.B. Wasserkocher) fernhalten.

- Hilfsmittel wie Hochstuhl, Fußbank oder Küchenleiter für eine sichere Position des Kindes nutzen.
- Die Messer sollten scharf, aber nicht zu schwer und zu spitz sein (stumpfe Messer schneiden nicht).
- Große, rutschfeste Schneidbretter verwenden.

Das hat Lotta schon

- ein scharfes Klappmesser mit abgerundeter Spitze (z.B. Kinder-Opinel)
- ein kleines rutschfestes Höckerchen – den Lottaverlängerer
- ein besonders rutschfestes Schneidebrett
- eine Schürze
- Ausstechformen
- einen kleinen Schneebesen
- bunte Silikon-Muffinförmchen
- eine Backform
- ein Kinderkochbuch

Ein bisschen Küchenpraxis

Wenn Sie eine neue Küche planen, sollten Sie die Anschaffung eines Dampfgarers als Einbau- oder Standgerät erwägen. Ein praktisches Gerät, das den Kochalltag in einer Familie auf gesündeste Art und Weise enorm erleichtert! Im Dampfgarer können Sie nicht nur Gemüse bissfest und nährstoffschonend garen, sondern auch Hülsenfrüchte, Getreide, Fisch- und Fleischgerichte zubereiten. Auch ein Kühlschrank mit unterschiedlichen Klimazonen ist praktisch. Jedes Kühlgut kann bei seiner optimalen Kühltemperatur gelagert werden und hält sich dadurch länger frisch.

Küchengeräte auf der Tischplatte

Das erleichtert den Einkauf und auch das Planen der Mahlzeiten. Wenn Sie feststellen, dass Sie regelmäßig Vollkornmehl verwenden und Sie Spaß daran haben, außer Weizen, Dinkel und Roggen auch andere Getreidesorten, wie z.B. Hirse oder Vollkornreis, in Mehlform zu verarbeiten, dann lohnt sich sicherlich eine Getreidemühle. Für einige Küchenmaschinen gibt es Aufsätze, ansonsten finden Sie im Handel auch schon wunderschöne, gute und bezahlbare Holzmühlen. Eines sollten Sie beachten, Getreidemühlen oder Küchenmaschinen sollten immer einen Platz auf der Arbeitsplatte haben, damit man sie schnell, wenn man sie braucht, vorziehen kann.

Lotta kann schon mit-kochen

Das hat Lotta schon gelernt: Vor dem Kochen wäscht sie sich die Hände, krempelt die Ärmel hoch, bindet die Haare zu einem Zopf und zieht ihre bunte Schürze an. Dann holt sie sich ihren hohen Stuhl in die Küche und stellt ihn vor die Arbeitsplatte.

Lotta legt sich alle Gerätschaften zurecht. Sie weiß genau, wo ihr Schneidebrett steht. Dann legt sie sich ihr Messer zurecht. Lottas Messer ist ein Klappmesser mit einer abgerundeten Klinge, es ist scharf und liegt gut in der Hand oder zusammengeklappt in der Schublade.

Lotta ist schon sehr geschickt

Jetzt legt Lotta los. Sie kann schon eine ganze Menge. Gemüse, wie Möhren und Pastinaken, bürstet sie mit einer Gemüsebürste unter fließendem Wasser. Tomaten, Äpfel und Birnen reibt sie mit ihren Händen unter Wasser einfach ab. Katrin putzt und schält dann das Gemüse und Obst, dann setzt sich Lotta auf den Stuhl und legt mit dem Schneiden los. Früher, als sie noch kleiner war, hat sie alles sehr grob geschnitten. Heute gelingt es ihr immer besser, feiner zu schneiden. Äpfel, Pilze, Kohlrabi und Bananen schneidet sie am besten. Möhren und Pastinaken schneidet Kat-

rin ihr vor, sodass sie auch mit hartem Gemüse zurechtkommt. Alles, was sie klein geschnitten hat und was nicht in ihrem Mund gelandet ist, sammelt sie in einem Schälchen.

Wenn Katrin und Lotta aus dem Gemüse und Obst einen Salat machen möchten, rührt Lotta auch gerne die Salatsaucen an. Die Zutaten dafür misst aber Katrin ab. Zum Abendessen schneidet Lotta mit Christians Hilfe das Gemüse in lange Stifte, dann richtet sie es auf einem Teller schön an. Dieses Anrichten macht ihr auch besonders bei einem Keksteller viel Spaß. Wenn die Butter nicht zu kalt ist, kann sie sich beim Abendessen auch schon das Brot selbst schmieren.

Im Winter, wenn es früh dunkel wird, gelingt es Lotta immer wieder, ihre Eltern dazu zu motivieren, die Brötchen für das Abendessen selbst zu backen. Auch hier ist sie eine große Hilfe und in voller Aktion. Sie kann die Hefe auspacken, auflösen, das Salz mit dem Teelöffel abmessen und sehr gut kneten. Am meisten freut sie sich allerdings auf das

Formen und Verzieren der Brötchen, hier fällt ihr auch immer wieder etwas Neues ein.

In der Küche fürs Leben lernen

Lotta freut sich schon, wenn sie in die Schule kommt, dann lernt sie lesen und kann besser Rezepte aus Büchern heraussuchen. Dann darf sie auch mit Mixer und Pürierstab fast alleine arbeiten. Lotta liebt es, mit ihren Eltern Zeit in der Küche zu verbringen. Und das erst recht, seitdem sie erfahren hat, dass sie nicht nur eine Küchenhelferin ist, sondern manchmal auch eine kleine Köchin.

Katrin und Christian sind begeistert, wie viel Lotta so ganz nebenbei in der Küche lernt. Abgesehen davon, dass sie in der Regel alles das, was sie mit zubereitet hat, lieber essen mag, hat Lotta jede Menge Fertigkeiten in der Fein- und Grobmotorik erworben. Sie ist ein kleines Organisationstalent geworden. Und ganz wichtig: sie hat gelernt, dass, wenn sie Hunger hat, das Essen erst zubereitet werden muss.

Essig

Lottas Lieb-
lingsrezepte

Lotta freut sich, dass sie endlich mit Katrin und Christian am Familientisch mitessen kann. Hier finden Sie ihre Lieblingsrezepte zusammengestellt, die der ganzen Familie schmecken. Und bei allen Gerichten kann Lotta mithelfen – guten Appetit.

Die Rezepte

Auf den folgenden Seiten finden Sie eine große Auswahl von Gerichten, die bei vielen Kindern gut ankommen. Und bei allen Gerichten kann Ihr Kind in der Küche schon eigenständig helfen und mitarbeiten.

Kleine Rezeptinformation

Die Rezepte sind berechnet
- für 4 Personen, 2 Erwachsene, zwei Kinder, oder
- für 1 Erwachsenen und ein 1 Kind, dann aber für 2 Tage oder für den Vorrat.

Oberhalb der Rezepte finden Sie Symbole, die folgende Bedeutung haben:
- : Für den Vorrat – Kühlschrank
- ❄: Für den Vorrat – Tiefkühl-Gerichte, die für den Tiefkühl-Vorrat geeignet sind, können auch im Kühlschrank aufbewahrt werden
- : Für den Vorrat – Vorratsdose

Vorsicht:
Gerichte, denen keines dieser Symbole zugeordnet ist, sind nicht lagerfähig!

Kleine Lebensmittelinformation
- Bei den angegebenen Gemüse-/Obstmengen gehe ich immer vom Rohgewicht der ungeputzten Ware aus.
- Für Gemüsebrühe können Sie das Rezept »Frische Gemüsewürze – Grundlage für die Gemüsebrühe« verwenden und 1–2 TL davon in ½ Liter Wasser auflösen.
- Dinkelmehl lässt sich durch Weizenmehl ersetzen.
- Raps-, Oliven- oder Haselnussöl sollten kaltgepresst und nativ sein. Das Öl wird in den Rezepten immer gemeinsam mit Wasser erhitzt, damit es nicht verbrennt. Bei dieser Methode hören Sie am Herausspritzen des Wassers, dass die Temperatur erreicht ist, bei der das Gargut hinzugefügt werden sollte. Kaltgepresste Öle und Butter eignen sich so für das Dünsten von Gemüse. Zum heißen Braten von Fleisch, Fisch und Pfannkuchen sollten Sie dann Butterschmalz bzw. Kokosfett verwenden.
- Für Hartkäse verwenden Sie Emmentaler oder Bergkäse. Der Parmesan gehört zu den Hartkäsesorten, ist aber nicht für jedes Rezept verwendbar, da er aufgrund seines geringeren Fettgehaltes nicht eine so hohe Schmelzfähigkeit besitzt.
- Milch können Sie gegen Getreide- oder Sojadrinks austauschen, den Joghurt gegen Sojajoghurt, die Butter gegen Margarine. Seiden- oder Naturtofu ist oftmals eine gute Alternative zu Quark.
- In Backwaren und Kuchen können Sie ein Ei durch 10 g Vollsojamehl, gut verrührt mit 40 ml Wasser, ersetzen.
- Mit Kakao ist immer der ungesüßte Kakao gemeint.
- Weinstein-Backpulver hat gegenüber herkömmlichem Backpulver den Vorteil, dass die Weinsteinsäure besser verträglich ist. Es ruft keine allergischen Reaktionen hervor und hinterlässt auf den Zähnen kein stumpfes Gefühl.
- Verwechseln Sie Vanillezucker nicht mit Vanillin-Zucker. In den Rezepten wird der Vanillezucker eingesetzt. Hier ist getrocknete und gemahlene Vanilleschote enthalten, im Vanillin-Zucker nur das künstliche Aroma. Anstelle von Vanillezucker können Sie auch Vanillepulver oder das Mark einer Vanilleschote mit einem Teelöffel Zucker vermischen.

Sahnige Apfelsuppe

» Lotta schmeckt die Suppe mit selbstgepflückten Äpfeln besonders gut. So apfelig! «

▶ **Für 2 große und 2 kleine Suppenesser**
geht schnell
🕐 **20 Min. + 8 Min. Garzeit**
1 Gemüsezwiebel · 3 Äpfel · 20 g Butter · 300 ml Gemüsebrühe, heiß · 200 ml Apfelsaft · 200 ml Sahne · Salz, Knoblauch, Kresse · 4 Vollkornbrotscheiben · 1 EL Olivenöl

■ Die Gemüsezwiebel abziehen, **die Äpfel waschen, putzen,** entkernen, beides grob würfeln.

■ Die Butter mit 2 EL Wasser in einem Topf erhitzen, die Äpfel und die Zwiebel darin anbraten und mit der Gemüsebrühe und dem Apfelsaft ablöschen. Bei geschlossenem Deckel 8 Minuten garen. **Die Sahne hinzufügen und alles zusammen sehr fein pürieren.** Mit Salz, Knoblauch und der Kresse abschmecken.

■ **Die Toastbrotscheiben in kleine Würfel schneiden** und in Olivenöl kross braten und zu der Suppe servieren.

▶ **Das passt dazu**
Brotstreifen zum Tunken

Erfrischende Gurkensuppe

» Lotta kann diese Suppe schon fast alleine »kochen«! Sie fragt dabei: »Was ist kalt, grün und weiß? Das schäumende Meer!« «

▶ **Für 2 große und 2 kleine Suppenesser**
geht schnell
🕐 **15 Min.**
600 g Salatgurke · ½ l Gemüsebrühe, kalt · 2 EL Zitronensaft · ½ Bd. Dill · Salz, Pfeffer · 100 ml Sahne

■ **Die Gurke waschen, putzen und in Stücke schneiden und mit der Gemüsebrühe und dem Zitronensaft fein pürieren.**

■ Dill waschen, trocknen und sehr fein schneiden, in die Gurkensuppe einrühren und mit Salz und Pfeffer abschmecken.

■ Die Sahne halbfest schlagen und so **unter die Suppe ziehen, dass sie Spuren hinterlässt.**

Kürbis-Karotten-Kokos-Suppe

» Schmeckt auch aus der Kokosnuss-Tasse. Lotta dichtet »KÜ-KA-KO-SU« – nur Katrin und sie wissen, was das ist. «

▶ **Für 2 große und 2 kleine Suppenesser**
geht schnell
🕐 **20 Min. + 10 Min. Garzeit**
500 g Hokkaidokürbis · 250 g Karotten · 1 Gemüsezwiebel · 20 g Butter · 1 TL Curry, mild · 400 ml Apfelsaft · 400 ml Kokosmilch · Salz, evtl. Honig, Zitronensaft · 30 g Kokoschips

■ Den Kürbis waschen, putzen, entkernen, würfeln. **Die Karotten waschen, putzen, würfeln.** Die Gemüsezwiebel abziehen und würfeln.

■ Die Butter mit dem Curry und 2 EL Wasser in einem hohen Topf erhitzen, Kürbis, Möhre und Zwiebel darin andünsten und mit dem Apfelsaft ablöschen. 8–10 Minuten garen, die Kokosmilch hinzufügen, einmal aufkochen lassen und **anschließend fein pürieren.**

■ Mit Salz, Honig und Zitronensaft abschmecken.

■ Die Kokoschips trocken in einer kleinen Pfanne rösten, **eventuell klein schneiden** und über die Suppe streuen.

Rote Bete-Suppe

▶ **Für 2 große und** ❄
2 kleine Suppenesser
geht schnell
🕐 **20 Min. + 15 Min. Garzeit**
1 Zwiebel, rot · 450 g Rote Bete ·
150 g Kartoffeln · 150 g Apfel ·
1 EL Olivenöl · 1 TL Honig ·
1 TL Kapern · 1 l kochendes
Wasser · Salz, evtl. Kreuzkümmel · 100 ml Sahne

》 **Die pürierte Suppe schmeckt besonders gut aus dem großen Kaffeebecher.**
Für Lotta ist dies Michel Lönnebergas Blutsuppe. 《

- Die Zwiebel abziehen, die Rote Bete und die Kartoffeln waschen, putzen,
schälen und grob würfeln. **Den Apfel waschen, entkernen und ebenfalls grob**
würfeln.

- Das Olivenöl mit 1 EL Wasser in einem hohen Topf erhitzen, den Honig
hinzufügen und anschließend die Zwiebeln andünsten. Rote Bete, Kartoffeln,
Apfel und Kapern dazu geben, 2 Minuten unter Rühren weiterdünsten, mit
kochendem Wasser ablöschen und bei geschlossenem Deckel 10–15 Minuten
garen.

- **Die Suppe fein pürieren** und mit Salz und evtl. Kreuzkümmel abschmecken.
Die Sahne halbsteif schlagen und die Suppe mit einem Klecks Sahne dekorieren
und servieren.

▶ **Das passt dazu**
Brotstreifen zum Tunken

Anstelle der Roten Bete können Sie auch andere feste Gemüse wie Sellerie,
Möhren, Pastinaken oder Kohlrabi verwenden.

Grießnockerl-Suppe

▶ **Für 2 große und** ❄
2 kleine Suppenesser

gut vorzubereiten
🕐 **2 Stunden zum Auskochen
des Fleisches + 30 Min.**

750 g Blumenstück vom Rind ·
1 Lorbeerblatt · 5 Pfefferkörner ·
1 Bd. Suppengrün · 250 ml Milch ·
125 g Weizen-/Dinkel-Vollkorngrieß ·
1 TL Butter · 1 Ei · Muskat, Salz ·
200 g Möhren · 150 g Petersilienwurzel · 150 g Erbsen TK · Kräutersalz

》 Ein Klassiker – hier kann Lotta zwischen Nockerl und Fleisch wählen. Wie gut, dass sie weiß, was ihr schmeckt! 《

▬ Das Rindfleisch waschen und mit 3,5 Liter kaltem Wasser aufsetzen, Lorbeerblatt und Pfefferkörner hinzufügen. **Das Suppengrün waschen, putzen, grob schneiden** und ebenfalls hinzufügen. Bei geschlossenem Deckel 2 Stunden köcheln lassen.

▬ Die Milch aufkochen, **den Grieß einrühren,** einmal aufkochen lassen und 20 Minuten ausquellen lassen. Die Butter und das Ei unterrühren und mit Muskat und Salz abschmecken.

▬ In einem breiten Topf Wasser zum Sieden bringen, etwas salzen und mit zwei Teelöffeln kleine Nockerl abstechen und diese im schwach siedenden Wasser vorsichtig garen. Wenn sie an der Oberfläche schwimmen, sind sie gar und können mit einem Schaumlöffel herausgenommen werden. Die Nockerl zur Seite stellen.

▬ Aus der Rinderbrühe das Suppenfleisch und das Suppengrün mit einem Schaumlöffel herausholen. 1,5 Liter der Rinderbrühe abmessen und in einen neuen Topf geben. Den Rest herunterkühlen und gegebenenfalls portionsweise einfrieren.

▬ **Die Möhren und die Petersilienwurzel waschen, putzen, gegebenenfalls schälen, fein würfeln** und in der Rinderbrühe bissfest garen. Die Erbsen hinzufügen.

▬ Das Fleisch vom Knochen lösen, die fettigen und sehnigen Teile entfernen und den Rest in kleine Stücke schneiden und zu der Suppe geben. Die Suppe kräftig mit Kräutersalz abschmecken.

▬ Kurz vor dem Servieren die Grießnockerl in der nicht mehr kochenden Suppe erwärmen.

Gemüsesuppe mit Fisch

》 Hier hat Lotta einen Trick für sich gefunden: Erst ein Stück Kartoffel, dann ein Stück Tomate und dann ein Stück Fisch. 《

- Die **Kartoffeln** schälen und **fein würfeln.** Die Gemüsezwiebel abziehen und ebenfalls fein würfeln, Das Olivenöl mit 2 EL Wasser in einem hohen Topf erhitzen, die Zwiebel und die Kartoffeln darin andünsten und mit der Gemüsebrühe ablöschen. Das Lorbeerblatt hinzufügen und die Suppe ca. 15 Minuten garen.

- Die Tomaten waschen, am Stielansatz kreuzweise einschneiden und mit kochendem Wasser überbrühen. Anschließend häuten, vierteln, entkernen und **das Fruchtfleisch würfeln** und zur Seite stellen.

- Den Fisch waschen, trocknen und in mundgerechte Stücke schneiden, evtl. entgräten. Mit Zitronensaft beträufeln.

- Die Petersilie waschen, trocknen und fein schneiden.

- Wenn die Kartoffeln gar sind, den Topf von der Herdplatte nehmen, die Herdplatte ausschalten, die Tomaten und den Fisch in die nicht mehr kochende Suppe geben, vorsichtig einrühren und auf der ausgeschalteten Herdplatte ca. 8–10 Minuten ziehen lassen.

- Die Petersilie unterrühren und mit Salz und Pfeffer abschmecken.

▶ **Das passt dazu**
Brot

▶ **Für 2 große und
2 kleine Suppenesser**
geht schnell
🕐 35–40 Min.
750 g Kartoffeln, festkochend ·
1 Gemüsezwiebel · 2 EL Olivenöl ·
1 l Gemüsebrühe · 1 Lorbeerblatt ·
600 g Fleischtomaten · 1 Zitrone,
Saft · 500 g Seelachsfilet ·
1 Bd. Petersilie · Salz, Pfeffer

Lotta isst mit der Familie

Wenn Katrin, Christian und Lotta gemeinsam am Tisch sitzen, dann geht es allen gut. Jeder spürt auf seine Art, dass es hier nicht nur darum geht, satt zu werden, sondern gemeinsam zu genießen, Pläne zu schmieden für den nächsten Ausflug oder zu überlegen, wo wir was einkaufen, wenn am Sonntag die Großeltern zu Besuch kommen.

Manchmal reden sie aber nur über das Essen: welche Farben es hat, ob es diese Farben in der Woche schon gegeben hat, wie das Essen sich im Mund anfühlt oder wem es wie schmeckt. Katrin und Christian stellen die Mahlzeiten so zusammen, dass alles gegessen werden darf; das Angebot stimmt. Es ist nach den Regeln des Ernährungsrads zusammengestellt. So kann Lotta in eigener Sache entscheiden, was sie gerne essen möchte, sie ist die Expertin für ihren eigenen Appetit und Hunger. Manchmal bekommt Lotta gar nicht mit, ob sie schon satt ist oder noch hungrig, da sie immer wieder auf die Teller der Eltern und auf die Eltern selbst schauen muss, wie diese essen und miteinander umgehen.

Wie halten wir's mit den Tischmanieren?

Katrin und Christian kommen beide aus großen Familien mit vielen Geschwistern. Sie haben erlebt, wie Tischmanieren dazu beigetragen haben, dass das Essen mit so vielen Menschen am Tisch zu einem Gemeinschaftserlebnis wurde. Auch wenn Sie das als Kind nicht immer so toll fanden, sich daran zu halten. Aber hätten ihre Eltern nicht darauf geachtet, hätte jeder Einzelne nur für sich dafür gesorgt und schnell Hunger und Durst gestillt, frei nach dem Motto: »Was ich in meinem Bauch habe, das kann mir keiner mehr nehmen.« Das ist für sie Motivation genug, für Lotta als Modell beim Essen zu dienen und sie ihrem Alter entsprechend für die eine oder andere Tischregel zu begeistern.

Vorgelebte erste Tischregeln

Als Lotta auf ihrem eigenen Stuhl am Tisch saß, bekam jeder am Tisch seinen festen Platz. Lotta durfte auch immer mit dem Essen spielen, solange Katrin und Christian erkennen konnten, dass dieses Spiel Lotta dazu dient, das Essen mit allen Sinnen kennenzulernen. In dem Moment, in dem sie das Brot vom Hochstuhl herunterkrümeln ließ, war ihnen beiden klar, dass Lotta nicht mehr hungrig, eventuell müde war oder ihre Freiheiten bei Tisch ausprobieren wollte. Das haben sie dann nicht mehr zugelassen und die Mahlzeit für Lotta beendet.

Für alle gab es immer schon das gleiche Geschirr und Besteck und auch das Essen war für alle gleich. Das Essen stellen Katrin und Christian in Schüsseln gefüllt auf den Tisch und so üben sie mit Lotta von klein auf, sich den Teller selbst zu füllen und zu gestalten. Hier kann Lotta sicherlich schon sehr viel selbst tun, aber noch nicht immer ganz allein. Katrin und Christian freuen sich darüber, wie Lotta auf diese Weise schon gut gelernt hat, ihren Hunger einzuschätzen und sich dementsprechend den Teller zu füllen. Sie beginnen die Mahlzeiten immer gemeinsam, doch wenn Lotta satt ist, Katrin und Christian noch ein wenig länger sitzen, essen und sprechen möchten, darf Lotta gerne aufstehen und spielen gehen. Die beiden haben sich jetzt schon überlegt, dass, wenn irgendwann ein zweites Kind da sein sollte, die Geschwister aufeinander warten sollten, bis sie vom Tisch aufstehen. Von Zuhause kennen sie es nicht anders, dass beim Essen die Atmosphäre weder vom Radio oder Fernsehen noch vom Telefon gestört wird. Katrin und Christian sind sich sicher: Die wichtigsten Zutaten für ein gemeinsames Essen sind Gelassenheit und Humor gegenüber Lottas Unbekümmertheit, möglicher Ungeschicklichkeit und den Putzarbeiten am Ende der Mahlzeit.

Abwechslungsreiches Essen und Probieren

Lotta kann sich über ihre experimentierfreudigen Eltern freuen, denn so, wie sie jeden Tag ein neues Wort lernt, lernt sie immer wieder neue Lebensmittel und Gerichte kennen. Sie lernt auch, was man wann, z. B. zu welcher Jahreszeit, isst und welche Kombinationen gut zueinander passen. Auch weiß sie inzwischen, dass es zu bestimmten Anlässen wie Weihnachten, Geburtstagen und Ostern besondere Gerichte gibt,

auf die sie sich auch schon vorher freut. Katrin und Christian achten darauf, Lotta langsam ans Essen heranzuführen. Immer dann, wenn es etwas ganz Neues gibt, ist mindestens auch eine vertraute Komponente auf dem Tisch, wie z. B. die geliebten Nudeln oder das Kartoffelpüree. So wird Lotta immer mutiger, auch neue Dinge auszuprobieren.

Lotta isst mit Messer und Gabel

Als Lotta dann nach der Beikostzeit mit am Familientisch saß und Stückiges essen konnte, wollte sie auch mehr und mehr alleine und selbstständig mit Besteck, nicht nur mit den Fingern, essen. Katrin und Christian haben ihr dann auch Besteck hingelegt – eine Kuchengabel, einen Dessertlöffel und ein Messer mit abgerundeter Klinge, ein altes Buttermesser. Sie waren sehr gespannt darauf, wie Lotta mit diesem Angebot umgehen würde. Lottas erster Griff ging zur Gabel und es stellte sich schnell heraus, wie gut sie damit Brot, Nudeln, Kartoffeln und Gemüse sowie Obststückchen aufpieksen und in den Mund stecken konnte. Das Messer nahm sie zum Bestreichen ihres Brotes, nur der Löffel stellte anfangs eine große Herausforderung dar. Sie probierte es zunächst mit Joghurt, aber davon ist doch sehr viel auf dem Lätzchen und Boden gelandet. Etwas später ging dann der etwas festere Kartoffelbrei schon sehr viel besser und dieses

positive Erlebnis bestätigte sie, weiter zu üben.

Auch wenn sie gerne mit dem Besteck übt, liebt sie es, mit den Fingern zu essen oder ab und zu auch einmal gefüttert zu werden, zum Beispiel mit einer guten Hühnersuppe.

Wenn alle Hunger haben, klappt es am besten

Wenn Katrin, Christian und Lotta so richtig hungrig sind, konzentrieren sie sich erst einmal alle auf ihr Essen und mögen gar nicht miteinander reden. Es kommen auch gar keine Diskussionen über das Essen auf, denn der Hunger macht mutig und lässt einen dann auch schon einmal vergessen, dass man das Möhrengemüse eigentlich gar nicht »so gerne« isst. So achten Katrin und Christian nicht nur bei Lotta, sondern auch bei sich darauf, dass sie die Mahlzeiten und Zwischenmahlzeiten genau einhalten, nichts oder nur wenig zwischendurch essen und dass zwischen zwei Mahlzeiten mindestens 2 bis 3 Stunden Pause sind. Katrin und Christian schätzen das sich einstellende Hungergefühl und haben beobachtet, dass sich dadurch bei Lotta auch der Schlafrhythmus besser eingestellt hat. Ja, und wenn Lotta gut schläft, ist sie auch besser gelaunt und kann sich so uneingeschränkt dem Spiel widmen.

41

Kohlrabi-Kichererbsen-Suppe

>> **Sehr mild im Geschmack – rutscht von allein ... Und der Käse-Paprika-Toast gibt die Farbe dazu!** «

- Die zarten inneren grünen Blätter des Kohlrabis waschen und zur Seite legen. **Den Kohlrabi abziehen und würfeln.**

- Das Olivenöl mit einem Esslöffel Wasser in einem hohen Topf erhitzen. Den Kohlrabi darin andünsten, die Kichererbsen mit der Flüssigkeit aus dem Glas dazugeben und die Gemüsebrühe dazugießen. Bei geschlossenem Deckel 8–10 Minuten bissfest garen.

- Die Knoblauchzehe abziehen, zu der Suppe geben, eine Minute mit garen und die Suppe fein pürieren. Sahne und saure Sahne hinzufügen und nochmals pürieren. Mit Salz, Zitronensaft und Thymian abschmecken.

- Den Backofen auf 200 °C Ober-/Unterhitze vorheizen. **Die Brotscheiben in Dreiecke schneiden, den Käse mit dem Paprikapulver vermischen und über das Brot geben.** Das Brot auf ein mit Backpapier ausgelegtes Blech legen und goldbraun überbacken.

- Die zarten Kohlrabiblätter sehr fein schneiden, über die Suppe streuen und mit dem Brot servieren.

▶ **Für 2 große und** ❄
2 kleine Suppenesser
geht schnell
🕐 **25 Min.**

1 Kohlrabi · 1 EL Olivenöl · 1 Glas Kichererbsen (350 g, Abtropfmenge 215 g) · 1 l Gemüsebrühe · 1 Knoblauchzehe · 2 EL Sahne · 4 EL saure Sahne · Salz, Zitronensaft, Thymian · 4–6 Scheiben Vollkorntoastbrot · 50 g Hartkäse, gerieben · ¼ TL Paprika, edelsüß

Rote-Linsen-Suppe

>> Eine sommerliche Linsensuppe, die Lotta ohne Würstchen schmeckt. «

- Das Suppengrün waschen, putzen und würfeln. Die Gemüsezwiebel abziehen und würfeln. 2 EL Olivenöl mit 2 EL Wasser in einem großen Topf erhitzen und das Gemüse und die Zwiebel darin andünsten.

- Die Linsen hinzufügen, die Gemüsebrühe angießen und 20 Minuten weich garen. Sojadrink hinzufügen und alles zusammen pürieren und mit den Gewürzen abschmecken.

- Das Brot in kleine Würfel schneiden, trocken in einer Pfanne rösten. Das Olivenöl mit dem Rosenpaprika verrühren, zu den Brotwürfeln geben und diese 1–2 Minuten anbraten und zur Suppe reichen.

Tipp

Sie können den Sojadrink auch durch Hafer-, Reis- oder Dinkeldrink ersetzen oder auch durch Milch.

▶ **Für 2 große und 2 kleine Suppenesser**
geht schnell
🕐 **30 Min.**

1 Bund Suppengrün · 1 Gemüsezwiebel · 2 EL Oliven · 200 g Linsen, rot · 1 l Gemüsebrühe · 250 ml Sojadrink · Salz, Pfeffer, Kreuzkümmel, Tomatenmark · 3–4 Scheiben Vollkornbrot · 2 EL Olivenöl · 1 TL Rosenpaprika, mild

Möhren-Apfel-Salat mit Hüttenkäse

» Der Kindersalat schlechthin: süß, fruchtig, saftig, sättigend und versorgt rundum – eindeutig Lottas Lieblingssalat. «

▶ **Für 2 große und 2 kleine Esser**
geht schnell
🕐 10–15 Min.
500 g Möhren · 200 g Apfel · 2 EL Walnussöl/Rapsöl ·
1 EL Olivenöl · 100 ml Apfelsaft · 1 TL Honig · Salz ·
50 g Walnüsse · 200 g Hüttenkäse

- Die **Möhren waschen, bürsten, putzen und grob raspeln.**
  Die Äpfel waschen, trocknen, entkernen und zu den
  Möhren grob raspeln.

- Das Öl mit dem Apfelsaft und dem Honig vermischen und
  über den Salat geben. Mit Salz abschmecken.

- Die Walnüsse fein hacken und mit dem Salat verrühren.

- **Den Hüttenkäse mit einer Gabel auflockern und über den
  Salat verteilen.**

Kartoffel-Gurken-Salat

» Erfrischt und macht satt und Lotta weiß, es sind einfach nur Gurken und Kartoffeln. Sie dichtet: »Kartoffeln und Gurken sind richtige Schurken!« «

▶ **Für 2 große und 2 kleine Esser**
geht schnell
🕐 10 Min. + 25 Min Garzeit
1 kg Kartoffeln, festkochend · 1 Salatgurke, groß ·
200 ml Gemüsebrühe · 100 g saure Sahne · 2 EL Rapsöl ·
1 TL Senf · 1 Zitrone, Saft · Salz, Minze

- Die **Kartoffeln bürsten** und garen, kalt abschrecken, pellen und in kleine Würfel schneiden.

- Die Salatgurke waschen, putzen, der Länge nach vierteln,
  die Samen herausschneiden und zur Seite legen. Das Gurkenfleisch würfeln und zu den Kartoffeln geben.

- Die Gemüsebrühe, die saure Sahne, das Rapsöl, den Senf
  und den Zitronensaft mit den Gurkensamen pürieren
  und mit dem Salat gut vermischen.

▶ **Das passt dazu**
Fischstäbchen (Seite 86)

Möhren-Apfel-Salat mit Hüttenkäse ▶

Rote-Bete-Birne-Salat

≫ Die Birne wandelt das »Erdige« aus der Roten Bete ins Fruchtige. Super lecker – aber auch wirklich eine Riesenschweinerei. ≪

▶ **Für 2 große und 2 kleine Esser**
geht schnell
🕐 15 Min.
500 g Rote Bete · 200 g Birne · 1 EL Olivenöl · 1 EL Rapsöl · 2 Mandarinen, Saft · 1–2 TL Honig · Salz, evtl. Anis

– Die **Rote Bete waschen, putzen**, schälen und grob raspeln.

– Die **Birnen waschen**, entkernen und ebenfalls grob zu der Roten Bete raspeln.

– Das Öl mit dem Mandarinensaft, dem Honig und dem Salz gut verrühren und unter den Salat heben. Eventuell mit Anis abschmecken.

TiPP

Probieren Sie den Salat einmal mit Apfel anstelle von Roter Bete und würzen Sie ihn mit einem Hauch Meerrettich.

Gemüsespieße

≫ Das Spießen macht Spaß – so bekommt auch ein nicht so beliebtes Gemüse eine Chance. Lotta freut sich, wenn die Spieße in ihrer Kindergartendose sind. ≪

▶ **Für 10 Spieße**
geht schnell
🕐 15 Min.
1 Kohlrabi · 8 Kirschtomaten · 8 kleine Cremechampignons · 1 Paprika, gelb · ½ Salatgurke · 8–10 Schaschlikspieße

– Das **Gemüse waschen, putzen**, gegebenenfalls abziehen, entkernen und in mundgerechte Stücke schneiden.

– **Bunt aufspießen und servieren.**

▶ **Das passt dazu**
Kräuterquark (Seite 86), Avocadocreme (Seite 63), Tomatendip (Seite 65), Kichercreme (Seite 65)

Rote-Linsen-Salat

>> Hier trifft Weiches auf Knackiges und Herzhaftes auf Fruchtiges. Der Teller sieht so bunt aus wie Lottas Tuschkasten. «

- Die Linsen in einem Sieb unter fließendem Wasser waschen und in einem Topf den Essig, das Tomatenmark und die Gemüsebrühe aufkochen. Die Zwiebel abziehen, sehr fein würfeln und mit den Linsen in die kochende Brühe einrühren und 5–8 Minuten mit geschlossenem Deckel kochen. Die **Aprikosen sehr fein würfeln** und am Ende der Kochzeit die Herdplatte ausschalten, nun die Aprikosen unterrühren und bei geschlossenem Deckel noch 20 Minuten ausquellen lassen.

- Die Linsen in einer Schüssel auskühlen lassen.

- **Oliven- und Rapsöl unterrühren. Den Apfel und die Paprika waschen, putzen, entkernen und fein würfeln und zu den Linsen geben.** Die Petersilie waschen, trocknen, putzen, klein schneiden und unter den Salat geben. Den Salat mit Salz, Essig und evtl. Kreuzkümmel abschmecken. Dieser Salat schmeckt besonders gut mit fein gehackten Erdnüssen, hier ist es jedoch wichtig, genau zu schauen, wie gut Ihr Kind die Nüsse schon kauen kann.

▶ Das passt dazu
Frisches Roggenbrot oder Baguette

▶ **Für 2 große und 2 kleine Esser**
gut vorzubereiten
🕐 **15 Min.**

150 g rote Linsen · 1 EL Balsamessig, rot · 1 EL Tomatenmark · 400 ml Gemüsebrühe · 1 rote Zwiebel · 6 getrocknete Aprikosen · 2 EL Olivenöl · 1 EL Rapsöl · 1 Apfel · 1 Paprika, rot · 1 Bd. Petersilie, glatt · Salz · Balsamessig, rot · evtl. Kreuzkümmel · (50 g Erdnüsse, gesalzen)

Zucchini-Salat

» Fruchtig, frisch und leicht zu kauen. Diesen Salat kann Lotta schon fast ganz allein zubereiten. «

▶ **Für 2 große und 2 kleine Esser**
geht schnell
🕒 **10 Min.**
2 EL Zitronensaft · 1 EL Honig · 1 EL Mandelmus ·
2 EL Olivenöl · Salz · 500 g Zucchini · 2 Aprikosen, frisch ·
Salz, Kresse

- Den Zitronensaft mit dem Honig, dem Mandelmus, dem Olivenöl und dem Salz glattrühren.

- Die Zucchini **waschen, putzen und grob raspeln, die Aprikosen waschen, trocknen, halbieren, entkernen und fein würfeln.**

- Alles zusammen mischen und mit Salz abschmecken und mit Kresse dekorieren.

Italienischer Nudelsalat

» Hier isst Lotta nur Salat und ist trotzdem rundum satt. Christian sagt immer: »Bella Italia – Lotta bella!« «

▶ **Für 2 große und 2 kleine Esser**
gut vorzubereiten
🕒 **20 Min.**
350 g Vollkornpenne · 1 kg Fleischtomaten · 4 EL Olivenöl · 1 Zitrone, Saft · Kräutersalz, Pfeffer · 1 Bd. Basilikum ·
1 Mozzarella · 1 TL Honig

- Die Vollkornpenne nach Packungsanweisung bissfest garen, abgießen und mit kaltem Wasser abschrecken.

- Die Tomaten waschen, am Stielansatz kreuzweise einschneiden und mit kochendem Wasser überbrühen. Anschließend häuten, vierteln, entkernen und **das Fruchtfleisch würfeln. Die Kerne mit dem Öl, dem Zitronensaft und dem Honig fein pürieren.**

- Die Nudeln, die Tomatenstücke und die Sauce miteinander vermischen und mit Salz und Pfeffer abschmecken. **Das Basilikum waschen, putzen, trocknen, zupfen, den Mozzarella würfeln und unter den Salat heben.**

- Sollte der Salat zu trocken sein, können Sie noch etwas Gemüsebrühe unterrühren.

Nudelsalat

>> **Dieser Salat ist Lottas Picknick-/Grill-Nudelsalat, der schmeckt ihr mit den Würstchen am allerbesten.** «

▶ **Für 2 große und 2 kleine Esser**
gut vorzubereiten
🕐 **30 Min.**
350 g Vollkornfarfalle · 1,5 l Gemüsebrühe · 500 g Möhren ·
500 g Brokkoli · 200 g saure Sahne ·
100 ml Milch · 1 TL Senf · 1 Zitrone,
Saft · Salz, Estragon · 50 g Sonnenblumenkerne

- Die Nudeln in der Gemüsebrühe bissfest garen. Abgießen, 100 ml der Gemüsebrühe auffangen, die Nudeln abschrecken. **Die Möhren und den Brokkoli waschen, putzen, die Möhren und den Brokkolistiel würfeln** und mit den Brokkoliröschen zusammen bissfest dünsten bzw. dämpfen. Mit kaltem Wasser
abschrecken und zu den Nudeln geben.

- Saure Sahne, Milch, die aufgefangene Gemüsebrühe, Senf, Zitronensaft miteinander verquirlen und mit Salz und Estragon abschmecken. Die Sauce über den
Nudelsalat geben und vermischen.

- Die Sonnenblumenkerne trocken in einer kleinen Pfanne anrösten, anschließend grob hacken und über den Salat geben.

▶ **Das passt dazu**
Grillwürstchen

Lotta isst im Kindergarten

Katrin und Christian beobachten sehr genau, wie sich Lottas Essverhalten im Kindergarten ändert, seit sie am Tisch mit den anderen Kindern mitisst. Zunächst hat sie nur wenig gegessen, aber mittlerweile klappt es gut.

Lotta ist mit einem Jahr in den Kindergarten gekommen. Sie hat sich dort relativ gut eingewöhnt. In den ersten Wochen haben Katrin und Christian Lotta vor dem Mittagessen abgeholt. Einige Wochen später blieb sie auch schon bis nach dem Mittagsschlaf. Bis sie ca. 15 Monate alt war, wurde Lotta im Kindergarten mit Brei gefüttert. Teilweise haben Christian und Katrin den Brei am Abend vorbereitet und ihr mitgegeben, sodass die Erzieherinnen ihn nur noch aufwärmen mussten. Später haben die Erzieherinnen das allgemeine Mittagessen einfach nur für Lotta püriert. Mit 16/17 Monaten war Lottas Breiphase dann langsam zu Ende und sie aß mit ihrer Kindergartengruppe zusammen all das, was dort frisch gekocht wurde. Nudeln, Reis, Kartoffeln und Suppen konnte Lotta leicht essen, mit Fleisch und knackigem Gemüse hat sie sich noch etwas schwer getan. Als sie dann zwei Jahre alt war, brauchte sie nur noch ganz selten beim Essen die Hilfe der Erzieherinnen und wurde immer selbstständiger.

Lotta isst manchmal nur wenig im Kindergarten

Lotta hatte zu Beginn ihrer Kindergartenzeit eine ganz enge Bindung zu einer Erzieherin, Maria, aufgebaut. Maria hat ihr mindestens zwei Mal am Tag das vorbereitete Essen gegeben. Hier lief das Essen zum Großteil deshalb so gut, weil Lotta sich mit ihr rundum sicher und geborgen fühlte. Nun isst Lotta am Tisch gemeinsam mit vielen anderen Kindern und Maria, die früher für sie alleine verantwortlich war, schaut nun gemeinsam mit zwei Kolleginnen auf die ganze Gruppe. Am Tisch geht es munter und laut zu und wenn Lotta nicht so hungrig ist, lenkt sie der Trubel vom Essen ab. Gerne beobachtet sie das Geschehen und vergleicht sich mit den kleineren und größeren Kindern. Das bringt sie in ihrer Entwicklung weiter – aber es sättigt sie nicht.

Es ist aber nicht schlimm, wenn Lotta hin und wieder nichts isst. Lottas Eltern tun gut daran, dies in Ruhe zu beobachten und den »Fehler« weder bei den Erzieherinnen noch beim Essensangebot zu suchen. Schön wäre es, wenn sie am Nachmittag Lotta etwas zum Essen anböten, um das verpasste Mittagessen auszugleichen. Lotta wird noch ein wenig Zeit brauchen, um sich selbst in der großen Gemeinschaft zu versorgen. Dies wird ihr gelingen, je weniger die Erwachsenen die Situation thematisieren und dramatisieren.

Immer wieder ist es aber auch so, dass Kinder im Kindergarten gezwungen werden, mindestens einen »Probierhappen« von allem zu probieren. Frei nach dem Motto: »Wer nicht probiert hat, kann nicht sagen, dass es ihm nicht schmeckt.« Das ist sicherlich gemeinschaftspädagogisch gesehen verständlich. Für jedes einzelne Kind bedeutet es aber eine Missachtung des Selbstwerts und der Selbstbestimmung und führt sehr häufig dazu, dass die Kinder gar nichts mehr essen. Katrin und Christian sollten, wenn Lotta erzählt, dass sie probieren musste, dies mit den Erzieherinnen besprechen und ihnen ihren eigenen Grundsatz »Zum Probieren animieren und die Ablehnung akzeptieren« weitergeben. Katrin und Christian sind sich einig, dass niemand, auch nicht die Erwachsenen, gezwungen werden will, etwas zu essen, was er nicht will. Um die Neugierde eines Kindes zu wecken, ist es – auch für Erzieherinnen – immer gut, von den eigenen Gefühlen zu diesem speziellen Gericht zu sprechen, z. B.: »Das schmeckt so wie bei meiner Vorleseoma, die mit der großen Schaukel im Garten – und da hat immer alles so supergut geschmeckt!«

Im dritten Kindergartenjahr isst Lotta besser

Da Lotta in einem Kindergarten ist, den die Kinder im Alter von sechs Monaten bis sechs Jahren besuchen, hatte sie viele Gelegenheiten, während der Mahlzeiten die unterschiedlichen Esscharaktere kennenzulernen. Gefühle wie »Ich bin jetzt schon viel größer als die Kleinen« und »Da, wo die Großen sind, da möchte ich gerne hin« prägen ihren Tag. Denn da gibt es schon einige Kinder, die alles essen. Ihr hat geholfen, dass jedes Essen unabhängig von persönlichen Vorlieben in regelmäßigen Abständen immer wieder auf den Tisch kam, sodass Lotta die Gelegenheit hatte, sich langsam z. B. mit den einzelnen Gemüsesorten anzufreunden und zwar über den Sicht-, Hör-, Riech-, Fühl- und schließlich Geschmackskontakt.

Ist Lotta im Kindergarten gut versorgt?

Mit viel Mühe ist es Katrin und Christian gelungen, für Lotta einen Kindergarten zu finden, in dem noch frisch gekocht wird. Aber schnell ist ihnen klargeworden, dass das Essen auch dort niemals so frisch und ausgewogen ist, wie sie es zu Hause zubereiten könnten. Am Montag schauen sie sich den Wochenplan an, um dann zu überlegen, wie sie das Kindergartenessen mit dem, was Lotta zu Hause einnimmt, günstig ergänzen und optimieren können. Mit Fleisch, Fisch, Obst und Milchprodukten ist Lotta im Kindergarten bestens versorgt.

Was aber immer zu kurz kommt, ist die Frischkost und das Gemüse. So bieten sie Lotta am Nachmittag und am Abend Frischkost an und am Abend gibt es bevorzugt Gemüse und Gemüse-Getreide/Kartoffelgerichte. Ein gutes Gefühl haben sie, seitdem Lotta morgens vor dem Kindergarten ein großes Müsli verputzt.

Lottas Freund Max isst im Kindergarten besser als zu Hause

Die Eltern von Max freuen sich immer wieder darüber, dass Max im Kindergarten ein so guter Esser ist, wünschen sich dies aber auch für zu Hause. Erst einmal haben sie mit Max gesprochen und ihn gefragt, was er am Kindergartenessen so gut findet. Danach haben sie ein Gespräch mit der Kindergartenköchin geführt und sie gefragt, wie sie zum Beispiel das Gemüse oder das Fleisch zubereitet, wie sie es schneidet, dekoriert bzw. würzt. Auch die Erzieherinnen haben sie gefragt, wie sie die Esssituation gestalten, dass Max bei ihnen so gerne und gut isst. Der Einsatz hat sich gelohnt, viel mussten sie gar nicht verändern, und seitdem ist Max auch zu Hause viel offener gegenüber dem Essen geworden.

Reihenweckchen

▶ **Für 12 Weckchen** ❄
braucht etwas mehr Zeit
🕐 **15 Min. + 55 Min. Geh-**
zeit + 20–25 Min. Backzeit
½ Würfel Hefe · 300 ml Milch,
lauwarm · 50 g Honig · 1 Prise Salz ·
500 g Dinkelvollkornmehl ·
50 g weiche Butter

❯❯ An den Seiten weich und oben und unten knusprig – Lotta konnte sie schon mit einem Jahr perfekt greifen und verknuspern. Man kann auch ein paar Rosinen in den Teig schmuggeln. ❮❮

■ **Die Hefe in etwas Milch auflösen, restliche Milch, Honig und Salz einrühren.** Mehl dazugeben, gut verrühren und dann die weiche Butter unterkneten. 1–2 Min. kneten, die Feuchtigkeit des Teiges überprüfen und eventuell Milch oder Mehl hinzufügen. Weitere 8 Min. kneten (Küchenmaschine insgesamt 7 Min.), bis der Teig geschmeidig ist und kaum mehr klebt. 30–45 Min. zugedeckt gehen lassen.

■ Noch einmal kräftig durchkneten, in 12 gleiche Teile teilen, diese in 10 cm lange Rollen formen und jeweils 6 locker nebeneinander auf ein mit Backpapier ausgelegtes Blech setzen.

■ Den Backofen auf 180 °C Ober-/Unterhitze vorheizen.

■ Die Reihenweckchen etwa 10 Min. gehen lassen, bis sich Poren an der Oberfläche gebildet haben, und ca. 20–25 Min. backen. Auf einem Gitter auskühlen lassen.

Mildes Roggenbrot

Brötchen

» Ein ideales Roggenbrot, das Lotta nicht nur mit großem Appetit isst, sondern das sie auch mit vielen Nährstoffen gut versorgt. Leider muss sie auf das Brot immer 2 Tage warten! «

» Hier gibt der Apfelsaft dem Brötchen ein wenig Süße und eine wunderbare Farbe. Lotta formt auch immer eine Maus aus dem Teig. «

▶ **Für 2 Brote** ❄
braucht etwas mehr Zeit
🕐 20 Min. + 36 Stunden Gehzeit + 60 Min. Backzeit
10 g Hefe · 500 g Vollkorn-Roggenmehl · 500 g Vollkorn-Dinkelmehl · 150 g Joghurt · 2–3 TL Salz · Butterschmalz für die Form

▶ **Für 15 Brötchen** ❄
braucht etwas mehr Zeit
🕐 15 Min. + 40–55 Min. Gehzeit + 15 Min. Backzeit
½ Würfel Hefe · 350 ml Apfelsaft, lauwarm · ½ TL Salz · 500 g Dinkelvollkornmehl

- **Die Hefe in 2 EL Wasser auflösen und glatt rühren. 800 ml Wasser und die übrigen Zutaten mit der Hefe verrühren.** Den Teig in eine Schüssel geben, die die doppelte Menge fassen kann und die mit einem Deckel verschließbar ist. Den Teig für mindestens 24–36 Stunden in den Kühlschrank geben. Zwischendurch immer einmal wieder den Teig durchrühren.

- **Zwei Kastenformen gut einfetten, den Teig noch einmal gut durchkneten und auf die beiden Formen verteilen und die Oberfläche mit nassen Händen glatt streichen.**

- Ein sauberes Küchenhandtuch mit heißem Wasser übergießen, auswringen und über die Formen legen. Mindestens 2 Stunden bei Zimmertemperatur gehen lassen, bis sich das Volumen verdoppelt hat.

- Den Backofen auf 220 °C Ober-/Unterhitze vorheizen.

- Die Brote in den Ofen geben und nach 15 Minuten die Temperatur auf 180 °C reduzieren und die Brote weitere 45 Minuten backen.

- **Die Hefe in etwas Apfelsaft auflösen, den restlichen Apfelsaft und das Salz hinzufügen.** Das Mehl mit einem Kochlöffel unterrühren, 2 Min. kneten, Feuchtigkeit überprüfen und evtl. mit etwas Mehl oder Wasser korrigieren, weitere 8 Min. kneten (Küchenmaschine insgesamt 7 Min.). Der Teig sollte eine geschmeidige Konsistenz haben.

- Zugedeckt ca. 30–45 Min. gehen lassen. **Den Teig anschließend nochmal kräftig durchkneten und zu etwa 15 kleine Brötchen formen, mit Wasser bestreichen und auf zwei mit Backpapier ausgelegte Bleche setzen.**

- Den Backofen auf 220 °C Umluft vorheizen.

- Die Brötchen 10–15 Min. gehen lassen.

- Die Brötchen in den Backofen schieben und die Temperatur auf 180 °C reduzieren. Die Brötchen 15 Min. backen. Die Brötchen auf einem Gitter auskühlen lassen.

Toastbrötchen aus der Pfanne

» Der Duft aus der Pfanne, außen knusprig, innen weich – da muss niemand überredet werden. Lotta macht sich immer Herzchen- und Sternbrötchen. «

▶ **Für 25 Brötchen** ❄
braucht etwas mehr Zeit
🕐 15 Min. Vorbereitung +
40–55 Min. Gehzeit + 20 Min. Backzeit
½ Würfel Hefe · 250 ml Milch, lauwarm · ½ TL Salz · 1 TL Honig · 200 g Dinkelvollkornmehl · 250 g Dinkelmehl Typ 1050 · 2 EL Dinkelvollkorngrieß · Butterschmalz für die Pfanne

▪ **Die Hefe in etwas Milch auflösen, restliche Milch, Honig und Salz einrühren. Mehl dazugeben, gut verrühren.** 1–2 Min. kneten, die Feuchtigkeit des Teigs überprüfen und evtl. Milch oder Mehl hinzufügen. Weitere 8 Min. kneten (Küchenmaschine insgesamt 7 Min.), bis der Teig geschmeidig ist und kaum mehr klebt. 30–45 Min. zugedeckt gehen lassen.

▪ Den Teig erneut durchkneten, halbieren, beide Hälften nacheinander und die andere Hälfte auf einer mit Grieß bestreuten Arbeitsfläche 1 cm dick ausrollen. **Mit einem Glas (6–7 cm Durchmesser) oder anderen Ausstechformen Brötchen ausstechen.** Die Teiglinge 20 Minuten gehen lassen.

▪ Eine beschichtete Pfanne gut einfetten und die Teiglinge nebeneinander in die Pfanne legen und bei mittlerer Temperatur backen. Nach 5–6 Minuten gehen die Brötchen auf, dann die Brötchen wenden und weitere 5–6 Minuten backen. Das Rezept ergibt ca. 25 kleine Brötchen.

Muffins Natur

» Die Muffins lassen sich ideal kombinieren ob süß, herzhaft oder einfach pur – Natur! «

▶ **Für 12 Muffins** ❄
geht schnell
🕐 10 Min. + 20–25 Min. Backzeit
Muffinblech mit Papierförmchen oder Lottas Muffinförmchen · 220 g Weizen-/Dinkel-Vollkornmehl · 1 TL Weinsteinbackpulver · 1 TL Natron · ¼ TL Salz · 2 Eier · 80 ml Raps- oder Mandelöl · 150 ml Buttermilch

▪ **Das Mehl, Backpulver, Natron und das Salz in einer Schüssel verrühren.** Mit einem Schneebesen in einer anderen Schüssel die Eier, das Öl und die Buttermilch verrühren.

▪ Den Backofen auf 175 °C Ober-/Unterhitze vorheizen.

▪ Die Eimischung mit einem Kochlöffel vorsichtig in die Mehlmischung einrühren.

▪ **Den Teig auf 12 Muffinförmchen verteilen** und 20–25 Minuten backen.

TIPP

Man kann auch für Pestoliebhaber 3 TL Pesto oder kleine Schinken- oder Käsewürfel in den Teig einrühren.

Kürbis-Toastbrot

▶ **Für 1 Brot** ✳

braucht etwas mehr Zeit

🕐 **30 Min. + 30 Min. Gehzeit + 60 Min. Backzeit**

400 g Hokkaidokürbis-Fruchtfleisch · 1 Würfel Hefe · 1 TL Salz · 500 g Dinkel-Vollkornmehl · 40 g Butter · 40 ml Rapsöl · Butterschmalz für die Form

» Ein sehr mildes und luftiges Vollkornbrot mit einer herrlichen orangenen Farbe. «

■ Das Kürbis-Fruchtfleisch würfeln und in 100 ml Wasser bissfest garen und **anschließend pürieren**. Das Hokkaido-Mus kurz auskühlen lassen.

■ **Die Hefe mit ein wenig Wasser und dem Salz glatt rühren, das Kürbismus, das Mehl, die Butter und das Öl dazu geben und zu einem geschmeidigen Teig verrühren.** 2–3 Minuten in einer Schüssel kneten. Den Teig abgedeckt 10 Minuten gehen lassen.

■ Eine Kastenform mit Butterschmalz einfetten, den Teig noch einmal durchkneten und in die Form geben. Weitere 10 Minuten abgedeckt gehen lassen

■ Den Backofen auf 180 °C Ober-/Unterhitze vorheizen.

■ Das Brot 60 Minuten backen.

Schnelle Quarkbrötchen

》 Ein Quarkbrötchen in der einen Hand und ein Apfel in der anderen Hand – Lotta ist glücklich und perfekt versorgt. 《

▶ **Für 8 Brötchen** ❄
geht schnell
🕐 **15 Min. + 25 Min. Backzeit**
250 g Dinkel-Vollkornmehl ·
1 TL Weinsteinbackpulver ·
½ TL Salz · ¼ TL Fenchel, gemahlen ·
1 TL Honig · 150 g Quark · 1 Ei

■ Den Backofen auf 180 °C Ober-/Unterhitze vorheizen.

■ **Das Mehl mit dem Backpulver, dem Salz und dem Fenchel vermischen. Honig, Quark** und das Ei dazugeben und zu einem glatten, geschmeidigen Teig verkneten, evtl. die Konsistenz mit Mehl oder Wasser einstellen.

■ **8 Brötchen formen und auf ein mit Backpapier ausgelegtes Backblech legen. 20–25 Minuten backen.**

Kuchenbrot mit Banane

》 Zum Frühstück, in der Brotbox und am Nachmittag mit und ohne Butter. Lotta fragt sich: »Was ist das denn nun – Brot oder Kuchen? Auf jeden Fall Banane!« 《

▶ **Für 1 Brot** ❄
geht schnell
🕐 **15 Min. + 60 Min. Backzeit**
450 g Dinkel-Vollkornmehl ·
2 TL Backpulver · ¼ TL Zitronenabrieb · 1 TL Kardamom, gemahlen · 70 g Zucker · 40 ml Olivenöl ·
40 ml Rapsöl · 120 ml Haferdrink oder Milch · 3 Bananen, reif · Butterschmalz für die Form

■ Den Backofen auf 160 °C Ober-/ Unterhitze vorheizen.

■ **Das Mehl mit dem Backpulver, dem Zitronenabrieb und dem Kardamom vermischen.**

■ **Zucker, Öl und Haferdrink zu dem Mehl geben, die Bananen schälen und mit einer Gabel gut zerkneten und zu den Teigzutaten geben. Alles gut verrühren.**

■ Eine Kastenform einfetten, den Teig einfüllen und gut 60 Minuten backen.

Knuspermüsli

》 Eine besondere Müslizutat – knusprig und süß, obendraufgestreut. Lotta singt begeistert: »Knusper, knusper, Knäuschen – wer knuspert an meinem Häuschen?« 《

▶ **Für 20 Portionen** 🍯
geht schnell
🕐 **20 Min.**
250 g Haferflocken, grob ·
50 g Sonnenblumenkerne ·
50 g Sesam · 50 g Zucker ·
70 g Butter, flüssig · 50 g Rosinen

■ Den Backofen auf 180 °C Ober-/ Unterhitze vorheizen.

■ **Die Haferflocken mit den Sonnenblumenkernen, dem Sesam und dem Zucker vermischen und mit der flüssigen Butter vermengen.**

■ **Die Masse auf ein mit Backpapier ausgelegtes Backblech geben** und ca. 10 Minuten goldbraun backen. Das Müsli abkühlen lassen und **gegebenenfalls etwas zerbröseln und die Rosinen untermischen.**

Schokomüsli

» Eine besondere Müslizutat – schokoladig und süß, obendraufgestreut oder als Süßigkeit am Nachmittag. «

▶ **Für 20 Portionen**
geht schnell
🕐 **20 Min.**
50 g Haselnüsse · 50 g Kokosöl · 4 EL Kakao · 3 EL Honig · 200 g Haferflocken, grob · 200 g Dinkelflocken

— Die Haselnüsse in einer Pfanne ohne Fett rösten, abkühlen lassen und fein hacken.

— Das Kokosöl in einer Pfanne schmelzen, Kakao und Honig einrühren und 100 g der Haferflocken in die Pfanne geben. Gut verrühren und auf einem mit Backpapier ausgelegten Blech ausbreiten und auskühlen lassen.

— Alle weiteren Zutaten dazumischen – fertig.

Warmes Haferfrühstück

» Die Engländer würden es »Porridge« nennen, der Opa sagt »Haferschleim« und in Lottas Familie ist es ein warmes, leckeres Müsli. «

▶ **Für 2 große und 2 kleine Esser**
geht schnell
🕐 **15 Min.**
400 ml Haferdrink · 400 ml Milch · 120 g Haferflocken, grob · 60 g Rosinen · 30 g Sonnenblumenkerne · 600 g Obst der Saison

— Den Haferdrink mit der Milch und den Haferflocken unter Rühren aufkochen, die Rosinen und die Sonnenblumenkerne hinzufügen und 2 Minuten weiter sanft köcheln lassen.

— Das Obst waschen, trocknen, putzen, evtl. schälen bzw. entkernen, in kleine Stücke schneiden und zu dem Haferbrei geben.

Schokotrunk

» Kakao – so mal zwischendurch? Natürlich! Insbesondere wenn er milchfrei ist. Lotta ruft begeistert: «Kakakakakao!» «

▶ **Für 2 große und 2 kleine Esser**
geht schnell
🕐 **5–10 Min.**
8 Datteln · 35 g Cashewkerne · 800 ml Haferdrink · 2 EL Kakao

— **Alle Zutaten zusammen pürieren.**

Tipp
Ersetzen Sie die Cashewkerne durch Haselnüsse oder Macadamianüsse.

Trinkmüsli

》 **Schnell gemacht und genussvoll getrunken!** 《

▶ **Für 2 große und 2 kleine Esser**
geht schnell
🕐 10 Min.
300 g Obst der Saison · 600 ml Buttermilch ·
200 ml Joghurt · 60 g Dinkel- oder Haferflocken

▪ Das Obst **waschen, putzen, gegebenenfalls schälen, ent-kernen und grob schneiden** und mit den restlichen Zutaten fein pürieren.

Tipp

Das Trinkmüsli ist ein ideales Frühstück für alle, die morgens nicht so viel kauen möchten.

Schokocreme

>> Wertvolle Fette, ungesüßter Kakao, mit Honig fein abgeschmeckt, ergibt einen Schokoaufstrich der Extraklasse. «

▶ **Für 25 Portionen**
geht schnell
🕐 5–10 Min.
3–4 EL Kakao · 100 g Haselnussmus · 100 g Mandelmus · 3–5 TL Honig

■ **Den Kakao sieben und mit den Nussmusen glatt rühren.** Zunächst 3 TL Honig dazugeben und nach Geschmack noch nachsüßen.

■ In ein gut ausgespültes Schraubglas füllen, es hält sich mehrere Wochen.

Trinkjoghurt

>> Durstlöscher zum Frühstück, im Kindergarten oder als Zwischenmahlzeit – ein echter Allrounder, der nicht nur mit Kalzium und Eiweiß versorgt, sondern auch mit Flüssigkeit. Lotta liebt ihn in einem Schraubfläschchen. «

▶ **Für 2 große und 2 kleine Esser**
geht schnell
🕐 10 Min.
400 g Joghurt · 300 ml Reisdrink · 200 ml Mineralwasser mit Kohlensäure · Vanille · Honig · Zitronensaft

■ **Alle Zutaten mit einem Schneebesen miteinander verrühren** und mit den Gewürzen abschmecken.

Pflaumenmus

>> Eine zuckerfreie Marmelade – mit Joghurt vermischt ein schneller Fruchtjoghurt, der den Darm in Schwung bringt. «

▶ **Für 30 Portionen**
gut vorzubereiten
🕐 mind. 5 Stunden Einweichzeit + 10 Min.
250 g Trockenpflaumen · 250 ml Apfelsaft

■ **Die Trockenpflaumen klein schneiden** und in einem Pürierbecher in dem Apfelsaft über mehrere Stunden einweichen. Anschließend pürieren.

■ Das Pflaumenmus auf zwei gut ausgespülte Schraubgläser verteilen, es hält sich 2–3 Wochen im Kühlschrank.

Schokoaufstrich ▶

Frische Aprikosenmarmelade

Apfel-Zwiebel-Creme

» Eine Vitamin-C-reiche Marmelade, frisch und süß im Geschmack, nicht nur auf dem Brot. Wenn Lotta sie findet, hält sie sich nicht lange. «

» Apfelig, zwiebelig, cremig – ein bisschen wie Leberwurst, einfach lecker! Lotta liebt die Creme auch ohne Brot und Opa isst sie sogar mit dem Löffel. «

▶ **Für 25 Portionen**
gut vorzubereiten
🕐 **10 Min. + mind. 5 Stunden Einweichzeit**
125 g Apfelringe, getrocknet · 125 ml Apfelsaft ·
125 g Aprikosen, frisch · Zitronensaft · Zitronenmelisse

▶ **Für 25 Portionen**
geht schnell
🕐 **20 Min.**
150 g Gemüsezwiebel · 2 EL Olivenöl · 200 g Apfel, säuerlich · 100 g Butter · 2 EL Sojasauce · ½ TL Majoran · Salz

- **Die Apfelringe in einen hohen Pürierbecher geben, den Apfelsaft hinzugeben und mehrere Stunden durchweichen lassen.** Die Aprikosen waschen, trocknen, putzen, entkernen und klein schneiden. In den Pürierbecher geben und alles zusammen fein pürieren.

- In ein heiß ausgespültes Schraubglas füllen – die Marmelade hält sich 2–3 Tage im Kühlschrank.

- Die Zwiebel abziehen und grob würfeln.

- Das Olivenöl mit 2 EL Wasser in einer Pfanne erhitzen und die Zwiebeln darin weich braten. **Den Apfel waschen, putzen**, entkernen und in grobe Würfel schneiden und mit der Butter zu der Zwiebel geben. Weitere 5 Minuten bei geschlossenem Deckel dünsten.

- **Die Sojasauce hinzufügen und in einem Pürierbecher zu einer Creme pürieren.** Mit Majoran und Salz abschmecken.

- In ein heiß ausgespültes Schraubglas geben – die Creme hält sich bis zu zwei Wochen im Kühlschrank.

Ketchup mit Datteln

» Dieser Ketchup ist schnell gemacht und kann immer gegessen werden – ohne Zucker, aber mit optimalem Geschmack! «

▶ **Für 8 Portionen**
geht schnell
🕐 **10 Min.**
6 Datteln · 1 Apfel · 150 g Tomatenmark · Salz, Curry

▬ **Die Datteln klein schneiden, den Apfel, waschen, putzen, entkernen und grob würfeln** und mit den Datteln in 80 ml Wasser in einem Topf weich garen.

▬ Anschließend mit dem Tomatenmark in einem Pürierbecher sehr gut durchpürieren und mit Salz und Curry abschmecken.

Tipp

Ideal zu Würstchen, Nudeln oder Pommes frites, aber auch zum Verfeinern von Tomatensauce oder Pizza.

Avocadocreme

» Die cremig-milde wertvolle Avocado bekommt eine fruchtig-süß-herzhafte Begleitung. «

▶ **Für 10 Portionen**
geht schnell
🕐 **15 Min.**
100 g Gemüsezwiebel · 100 g Apfel · 10 g Butter · 1–2 Avocado · Zitronensaft , Salz

▬ Die Gemüsezwiebel abziehen, **den Apfel waschen, putzen, entkernen**, beides sehr fein würfeln. Die Butter mit einem EL Wasser erhitzen und die Apfel-Zwiebel-Mischung 2 Minuten anbraten und abkühlen lassen.

▬ **Die Avocado halbieren, entkernen, abziehen und mit Zitronensaft sehr fein pürieren.** Die Apfel-Zwiebel-Mischung darunterrühren und mit Salz abschmecken.

Lotta im Restaurant

Der Besuch in einem Restaurant gemeinsam mit der ganzen Familie ist für alle immer etwas ganz Besonderes. Hier gibt es viel Neues, besondere Menschen und ungewohnte Gerichte zu entdecken.

Katrin, Christian und Lotta gehen gerne ins Restaurant. Als Lotta noch sehr klein war, haben Katrin und Christian immer einen 4–6-Personen-Tisch vorbestellt, haben Lottas Schmusefell auf das eine Ende des Tisches gelegt und Lotta dann so daraufgelegt, dass sie sie sehen konnte. Erst hat sie sich alles angeschaut. In dem Moment, in dem Brot und Butter kamen, meldete sich auch bei ihr der Hunger. War dieser gestillt, schlief sie meistens friedlich ein. Ihre Eltern konnten in der Regel ganz in Ruhe essen.

Lotta nascht gerne vom Teller der Eltern

Heute ist das anders. Lotta isst mit und so wählen ihre Eltern das Restaurant auch vorher sehr gut aus. In einigen Städten gibt es sogar extra Kinder-Restaurant-Führer, mit dem sie sehr gute Erfahrungen gemacht haben. Ihnen ist wichtig, dass die Restaurantbesitzer auf Kinder eingestellt sind. Sie möchten, dass Lotta wirklich mitisst und nicht in einem am anderen Ende des Restau-

rants gelegenen Spielzimmer mit Fernsehern abgestellt wird. So brauchen sie für Lotta nur einen guten Hochstuhl und ein bisschen Platz, damit sie, bis das Essen kommt, auch in Ruhe in dem von zu Hause mitgebrachtem Malbuch malen kann. Oder um zusammen mit ihren Eltern ein Turm aus Bierdeckeln zu bauen. Auf eine Extra-Kinderkarte legen Katrin und Christian keinen Wert, da Lotta eigentlich immer das essen möchte, was ihre Eltern essen. Außerdem entspricht das normalerweise übliche Essen von der Kinderkarte nicht ihren Vorstellungen. Ihnen ist es sehr viel wichtiger, dass das Restaurant halbe Portionen vorsieht – zu halben Preisen. Manchmal regeln sie es aber auch so, dass Katrin und Christian einen weiteren Teller für Lotta bestellen und sie darf sich dann von den Tellern

ihrer Eltern bedienen. So kann sie viel Neues kennenlernen. Sie kann immer darauf vertrauen, dass das, was sie sich von den Tellern ihrer Eltern stibitzt, eine rundum sichere Nahrung ist, da die Eltern es ja auch essen. Und überhaupt: Lotta ist ja genauso neugierig wie ihre Eltern, auch wenn sie nicht alles probiert, schaut sie sich dennoch alles genau an. Die Restaurants, in denen die Küche bereit war, mit Lotta und ihren Eltern gemeinsam zu überlegen, was Lotta zu essen bekommen könnte, haben sich Katrin und Christian besonders gemerkt. Hier fühlte sich Lotta auch als Gast.

Das Highlight eines jeden Restaurantbesuchs ist auf jeden Fall der heimliche Besuch des Chefkochs in der Küche.

Tomatendip

Rote-Bete-Creme

Kichercreme

》 Mit einem Tomatendip ist die Frischkost schnell gedippt und noch schneller gegessen. 《

》 Ein Hingucker: knallige Farbe, milder Geschmack und cremige Konsistenz, genial abgestimmt – und dann auch noch in Lottas Lieblingsfarbe! 《

》 Eine milde Kombination aus wertvollen Eiweißen, gutem Öl und fernöstlichen Gewürzen. 《

▶ **Für 4 Portionen**
geht schnell
🕐 5 Min.

200 g saure Sahne · 2 EL Tomatenmark · Honig, Salz, Paprika

- **Die saure Sahne mit dem Tomatenmark glatt rühren** und mit Honig, Salz und Paprika abschmecken.

- Der Tomatendip hält sich im Kühlschrank 4–5 Tage.

▶ **Das passt dazu**
Gemüsesticks und Pellkartoffeln

▶ **Für 25 Portionen**
geht schnell
🕐 10 Min.

250 g Rote Bete · 80 g Macadamianüsse · 1 Knoblauchzehe · 50 ml Olivenöl · 50 ml Rapsöl · 1 Zitrone, Saft · Salz, Honig

- Die Rote Bete waschen, putzen und in einen Topf geben und mit Wasser bedecken und je nach Größe in 30–45 Minuten bissfest garen.

- Die Rote Bete abziehen **und mit den Mandeln und Walnüssen im Standmixer fein pürieren.** Die Knoblauchzehen abziehen und sehr fein würfeln und **mit dem Olivenöl, dem Rapsöl, dem Zitronensaft unter die Creme rühren. Evtl. etwas Wasser hinzufügen.** Mit Salz und Honig abschmecken.

- Auf zwei gut ausgespülte Schraubgläser verteilen, sie hält sich 1 Woche im Kühlschrank.

▶ **Das passt dazu**
Pellkartoffeln, Frischkost, Brot

▶ **Für 20 Portionen**
geht schnell
🕐 10 Min.

1 Glas Kichererbsen, 215 g Abtropfgewicht · 150 g Joghurt · 2 EL Olivenöl · Salz, Zitronensaft, Kreuzkümmel, Knoblauch

- Die Kichererbsen abgießen und mit dem Joghurt und dem Olivenöl fein pürieren. Mit Salz, Zitronensaft, Kreuzkümmel und Knoblauch abschmecken.

- Auf zwei gut ausgespülte Schraubgläser verteilen, die Creme hält sich 1 Woche im Kühlschrank.

▶ **Das passt dazu**
Pellkartoffeln, Frischkost, Brot

Frischkäse-Möhren-Aufstrich

>> Zwei Fliegen mit einer Klappe – Milch und Gemüse, ein Aufstrich, den Lotta fingerdick auf das Brot streichen kann. «

▶ **Für 12 Portionen**
geht schnell
🕐 10 Min.
150 g Möhren · 200 g Frischkäse · 50 g Mandeln, gemahlen · Kräutersalz · Zitronensaft · frische Kräuter

▬ **Die Möhren waschen, putzen und sehr fein raspeln und mit dem Frischkäse und den Mandeln gut verrühren.** Mit Kräutersalz und Zitronensaft abschmecken und evtl. mit frischen Kräutern verfeinern.

▬ In ein heiß ausgespültes Schraubglas geben – der Aufstrich hält sich 3–4 Tage im Kühlschrank.

▶ **Das passt dazu**
Pellkartoffeln

Frische Gemüsewürze

>> Ein ganz altes Rezept von der Ema. Einmal hergestellt, immer gut gewürzt und ohne Geschmacksverstärker – aber mit starkem Geschmack! Eine gute Grundlage für jede Gemüsebrühe. «

▶ **Für ca. 230 l Gemüsebrühe**
geht schnell
🕐 10 Min.
100 g Zwiebeln · 100 g Möhren · 100 g Lauch · 100 g Sellerie · 100 g Tomaten · 100 g Petersilie, mit Stängel · 40–60 g Salz · 1 EL Kurkuma · 1 TL Pfeffer · 8 EL Olivenöl

- **Das Gemüse und die Petersilie waschen, putzen und grob schneiden.** Mit den restlichen Zutaten im Standmixer fein pürieren.

- In ein oder zwei Schraubgläser füllen und im Kühlschrank aufbewahren, hält sich mehrere Monate.

- Diese Gemüsewürze ist die Grundlage für die Gemüsebrühe, die in einigen Rezepten hier verwendet wird. Hier lösen Sie 1–2 TL Gemüsewürze in ½ Liter Wasser auf.

Dicker »Pfannkuchen«

>> Dicker, fetter Pfannekuchen, bleib stehn, ich will dich fressen«. Ein Pfannkuchen mal ganz anders und Lotta muss nicht warten, bis alle Pfannkuchen gebacken sind. «

▶ **Für eine Springform (Durchmesser 28 cm)**
geht schnell
🕐 15 Min. + 15–20 Min. Backzeit
500 g Pflaumen oder anderes Obst der Saison · 4 Eier · 50 g Zucker · 2 EL Kakao · 200 g Dinkel-/Weizen-Vollkornmehl · 200 g Joghurt · 125 ml Milch · Butterschmalz für die Form · Zimt-Zucker

- Den Backofen auf 180 °C Ober-/Unterhitze vorheizen.

- **Die Pflaumen waschen, putzen,** halbieren **und entkernen.**

- Die Eier trennen, die Eiweiße zu Eischnee schlagen. Die Eigelbe mit dem Zucker, Kakao, dem Mehl, dem Joghurt und der Milch glatt rühren. Den Eischnee vorsichtig unterheben.

- **Eine Quiche- oder Auflaufform einfetten, den Teig einfüllen, die Pflaumen darauf gleichmäßig verteilen** und den »Pfannkuchen« 15–20 Min. goldgelb backen.

TIPP

Mit einer Frischkost plus Dipp oder einer leichten Gemüsesuppe vorweg ein wunderbares süßes Mittagessen.

Pizza-Muffins

▶ **Für 18 Förmchen** ❄
geht schnell
🕐 **30 Min. + 20 Min. Backzeit**
Muffinblech, Papierförmchen
oder Lottas Muffinförmchen ·
500 ml Gemüsebrühe · 2 EL Olivenöl · 200 g Polenta · 3 Tomaten oder
1 Dose Pizzatomaten · ½ Mozzarella · 1 EL Tomatenmark · ½ TL Zucker ·
8 frische Blättchen Basilikum oder
1 TL getrocknetes Basilikum · 2 Eier ·
100 g Magerquark · 30 g Parmesan,
gerieben

》 Pizza Margherita als Fingerfood – kommt immer gut an, fruchtig und käsig auf goldgelbem Teig. 《

■ Die Gemüsebrühe mit dem Olivenöl in einem Topf mit geschlossenem Deckel aufkochen. Den Topf von der Herdplatte nehmen, die Polenta einrühren und anschließend unter Rühren 5 Minuten köcheln lassen. Auf der ausgeschalteten Herdplatte bei geschlossenem Deckel 10 Minuten ausquellen lassen.

■ **Die Tomaten waschen, trocknen, putzen (Pizzatomaten abtropfen lassen) und in kleine Würfel schneiden. Die Mozzarella klein würfeln und mit den Tomatenwürfeln, dem Tomatenmark, dem Zucker und dem Basilikum vermischen.**

■ Den Backofen auf 180 °C Ober-/Unterhitze vorheizen.

■ Die Eier mit dem Quark und dem Parmesan verrühren und gleichmäßig unter die Polenta ziehen. Die Muffinförmchen gegebenenfalls fetten und die Polentamasse auf die 18 Förmchen gleichmäßig verteilen.

■ Mit nassen Fingern in die Polentamasse eine kleine Mulde drücken und die Tomaten-Mozzarella-Füllung hineingeben.

■ Die Polenta-Muffins ca. 20 Minuten backen.

Lotta isst so gerne bei den Großeltern

Lottas Großeltern können sich gut und manchmal besser als Katrin und Christian auf Lottas Rhythmus einstellen, da weder das nächste Meeting noch die Wäsche auf sie warten. Und das ist genau das, was Lotta spürt – ihre Großeltern sind ganz für sie da, wenn sie bei ihnen ist.

Sie überlegen gemeinsam, was gekocht wird. Ist Lotta bei ihrer »Ema«, bespricht sie sich mit Tante Philine, denn die ist nur 7 Jahre älter als sie und hat immer viele Ideen. Gemeinsames Essen verbindet und bietet die Chance, Beziehungen aufzubauen und zu halten – diese Erfahrung haben nicht nur die Großeltern gemacht, denn schon früh war zu spüren, dass Lotta alle die Menschen liebt, die sie kulinarisch versorgen.

Lotta macht bei ihren Großeltern neue Erfahrungen

Wenn Lotta dort durch die Tür kommt, kann sie am Duft aus der Küche oft schon erkennen, was es gibt. Hier gibt es Gerichte, die ihre Eltern nie kochen oder wenn, dann lange nicht so gut. Aber Lotta genießt nicht nur das gute Essen, sondern auch die Zeit und Ruhe, die die Großeltern für sie haben. Manchmal hat sie den Eindruck, dass die Großeltern nur ihren Spaß mit ihr haben wollen. Wenn Katrin oder Christian ihre Lotta bei den Großeltern abholen, erfahren sie schon an der Haustür ganz genau, was und wie viel Lotta gegessen hat – Liebe geht eben doch durch den Magen!

Lotta kocht und isst so gern bei Ema

Ema is(s)t ein bisschen anders als die anderen Großeltern. Sie isst weder Fleisch noch Fisch, dafür aber große Mengen an Gemüse und Salat. Lotta ist immer ganz fasziniert, wenn sie bei ihr ist, denn da lernt sie Gemüsegerichte und Salate kennen, die sie vorher nie probiert hatte. Manchmal schneidet Ema die Möhren einfach nur in Blumenform und schon schmecken sie ganz anders. Aber das Allerbeste ist die Getreidemühle. Da gibt sie oben ganze Körner hinein und unten kommt Mehl heraus, aus dem sie dann Brot oder Brötchen backen kann. Eine andere Spezialität bei Ema sind die Keimlinge, die sie selbst in einem Sieb zieht. Lotta findet es besonders faszinierend, wenn aus dem Getreidekorn eine kleine Pflanze wächst, die man sogar essen kann. Es sind die Geschichten rund ums Essen, die Experimente und Erlebnisse, die Lotta und Ema verbinden.

Bei Lottas Freund Max ist viel los

Die Großeltern von Lottas Freund Max wohnen im selben Haus wie Max. Wenn bei Max zu Hause zu viel los ist, und das ist seit der Geburt seines Bruders Bene häufiger passiert, dann entwischt Max immer wieder zu seinen Großeltern. Dort kann er ungestört und in Ruhe das Essen genießen. Max' Eltern waren am Anfang nicht ganz glücklich darüber, aber jetzt sehen sie beide, wie viel es Max, seinen Großeltern und der Beziehung untereinander bringt. Inzwischen finden sie es sogar gut, wenn Max durch die Tür schlüpft, um dem Trubel zu entkommen.

Sonnen-Muffins

>> So gelb wie die Sonne! Lotta liebt diese Muffins, weil sie süß, gelb und krümelig sind. «

- Den Backofen auf 180 °C Ober-/Unterhitze vorheizen.

- Die Möhren, waschen, putzen und fein raspeln.

- **Das Maismehl mit dem Backpulver und dem Salz vermischen.** Die Eier, das Rapsöl und den Joghurt miteinander verquirlen, die Mehlmischung mit der Eiermischung locker verrühren.

- **Den Käse in kleine Würfel schneiden und mit den geraspelten Möhren und Maiskörnern unter den Teig mischen.**

- Den Teig auf 10–12 Muffinförmchen verteilen und 25 Minuten backen.

- Die Muffins am besten noch warm servieren.

▶ **Für 12 Muffins** ❄
geht schnell
🕐 20 Min. + 25 Min. Backzeit
130 g Möhren · 200 g Maismehl ·
1 TL Weinsteinbackpulver ·
¼ TL Salz · 2 Eier · 80 ml Rapsöl ·
160 g Joghurt · 50 g Hartkäse ·
100 g Maiskörner · 1 Muffinblech,
12 Papierförmchen oder Lottas
Muffinförmchen

Möhrensauce mit Hirse

▶ **Für 2 große und 2 kleine Esser braucht etwas mehr Zeit**
⏱ **30 Min.**
200 g Hirse · 250 g Fenchel · 2 EL Olivenöl · 500 ml Gemüsebrühe, heiß · Salz, Thymian · 2 Paprika, rot · 2 Möhren · 20 g Butter · 500 ml Möhrensaft, ungesüßt · 2 EL Dinkel-Vollkornmehl · 200 g Frischkäse · Salz, Knoblauch, Zitronensaft

》 **Bei Lotta heißt dieses Gericht Quatsch mit Sauce. Es ist das erste Gericht, das Lotta am Familientisch aus der großen Schüssel gegessen hat und ist heute noch der Renner. 《**

▬ Die Hirse unter heißem, fließendem Wasser in einem Sieb waschen. **Den Fenchel waschen, putzen**, vierteln und den unteren Teil des Strunks herausschneiden und mit einem Küchenmesser die äußeren festen Haare vom Strunk in Richtung Fenchelgrün abziehen. Das Fenchelgrün abschneiden, waschen, trocknen, fein schneiden und beiseitelegen.

▬ Den Fenchel sehr fein würfeln, das Olivenöl mit 2 EL Wasser erhitzen, den Fenchel kurz darin andünsten, die Hirse dazugeben, 2 Minuten weiter dünsten und mit der heißen Gemüsebrühe ablöschen. Die Hirse bei geschlossenem Deckel 10 Minuten garen und weitere 10 Minuten auf der ausgeschalteten Herdplatte nachquellen lassen. Die Hirse mit dem Thymian und dem Fenchelgrün abschmecken.

▬ **Die Paprika und die Möhren waschen, putzen, entkernen und grob würfeln.** Die Butter in einem Topf mit 2 EL Wasser erhitzen, das Gemüse darin andünsten und mit dem Möhrensaft ablöschen. Das Gemüse 7–8 Minuten garen und anschließend pürieren.

▬ Das Mehl mit etwas Wasser glatt rühren, in die Möhrensauce einrühren, 2–3 Minuten köcheln lassen. Zum Schluss den Frischkäse einrühren und die Möhrensauce mit Salz, Knoblauch und Zitronensaft abschmecken.

▬ Zu der Hirse servieren.

Apfel-Waffeln mit Rhabarber

» Die Knabberherzchen sind eine Süßigkeit, die das Zeug hat, mit Knabberge-müse vorweg ein Mittagessen zu ersetzen. «

- Den Rhabarber abziehen, putzen und **fein schneiden**. Mit 50 ml Wasser und dem Vanillezucker aufkochen. So lange garen, bis er zerfällt. **2 Bananen mit der Gabel zerkneten** und unter den noch heißen Rhabarber ziehen. Das Rhabarber-kompott erkalten lassen.

- Die Erdbeeren waschen, putzen und in kleine Würfel schneiden und unter das Rhabarberkompott ziehen.

- **Die Haferflocken mit dem Joghurt, dem Sprudelwasser und dem Zucker verrüh-ren.** Den Apfel waschen, trocknen, putzen und um das Kerngehäuse herum grob raspeln. Die Haferflockenmischung mit den restlichen Zutaten und dem geraspeltem Apfel zu einem Teig verrühren.

- Sechs Waffeln ausbacken.

TIPP

Die Waffeln kann man gut einfrieren und portionsweise mit dem Toaster »aufbacken«.

▶ **Für 6 Waffeln** ❄
geht schnell
🕐 **40 Min.**

500 g Rhabarber · 1 Pck. Vanillezu-cker · 2 Bananen · 100 g Erdbeeren · 100 g Haferflocken, fein · 150 g Jog-hurt · 100 ml Sprudelwasser · 2 EL Zucker · 1 Apfel · 30 g Haselnüsse, gemahlen · 50 g Haselnuss- oder Rapsöl · 2 Eier · 70 g Dinkel-Vollkorn-mehl · 1 Pr. Salz

Linsen-Backlinge – Frikadellen ohne Fleisch

▶ **Für 16 Backlinge** ❄
gut vorzubereiten
🕒 **20 Min. + 30 Min. Koch-**
zeit + 30 Min. bis mehrere
Stunden Ausquellzeit
150 g Puy-Linsen · 600 ml Wasser ·
1 Lauchstange · 1 Möhre · 1 Knoblauchzehe · 1 EL Olivenöl · 2 Eigelb ·
2 EL Vollkornmehl · 1 EL Tomatenmark · Salz, Pfeffer, Majoran · Olivenöl zum Bepinseln

》 Sie schmecken so gut wie Opas Buletten und sind eine herzhafte und eiweiß-
reiche pflanzliche Alternative zu klassischen Frikadellen. 《

— Die Linsen in einem Sieb unter fließendem Wasser waschen und in dem Wasser
aufkochen und bei geringer Temperatur und geschlossenem Deckel 30 Minuten köcheln lassen und auf der ausgeschalteten Herdplatte 30 weitere Minuten
quellen lassen.

— Die Lauchstange der Länge nach aufschneiden und unter fließendem Wasser
waschen, anschließend putzen und **in sehr feine Würfel schneiden.** Die Möhre
waschen, putzen und raspeln, die Knoblauchzehe abziehen und fein schneiden.
Das Olivenöl mit 1 EL Wasser in einer Pfanne erhitzen, Lauch und Möhre darin
bissfest dünsten.

— Den Backofen auf 180 °C Ober-/Unterhitze vorheizen.

— ⅔ der Linsen mit dem Gemüse und dem Knoblauch pürieren, das restliche Drit-
tel der Linsen sowie die Eigelbe, das Vollkornmehl und das Tomatenmark unterrühren. Mit Salz, Pfeffer und Majoran abschmecken.

— **Aus dem Linsenteig 12–16 Backlinge formen und diese auf ein mit Backpapier**
ausgelegtes Backblech setzen.

— Die Backlinge 20 Minuten backen, herausnehmen und mit Olivenöl bepinseln,
weitere 10 Minuten backen.

Quiche mit grünen Bohnen und Tomaten

>> Ein Kuchen, der nach Sonne und Meer schmeckt, wie im letzten Sommer-urlaub am Mittelmeer. Was schmeckt besser – Bohnen oder Tomaten? <<

- Das Mehl in eine Schüssel geben und die kalte Butter grob darüberreiben. Das Salz darüberstreuen und alles zügig zu einem Mürbeteig verkneten. Eventuell 2–3 EL kaltes Wasser hinzufügen. Ein Backpapier in eine Springform spannen, die Form mit dem Teig auskleiden und einen 2 cm hohen Rand hochdrücken. Die Form für mindestens 30 Minuten in den Kühlschrank geben.

- Die Bohnen, waschen, putzen und bissfest garen und über einem Sieb abtropfen lassen. Die Tomaten waschen und trocknen.

- Das Ei und das Eigelb mit dem Schmand verrühren und mit Kräutersalz und Bohnenkraut würzen.

- Den Backofen auf 200 °C Ober-/Unterhitze vorheizen.

- **Die Hälfte des Hartkäses auf dem Teig verteilen**, die Hälfte der Bohnen einfüllen, **dann die Tomaten darauf verteilen** und zum Schluss die restlichen Bohnen da-rüber geben, sodass Tomaten noch ein wenig herausgucken. Die Schmandmas-se gleichmäßig darübergießen und **mit dem restlichen Hartkäse bestreuen**.

- Den Kuchen 30–35 Minuten auf der unteren Schiene backen.

▶ **Für eine Springform** ❄
gut vorzubereiten
🕐 45. Min. + 35 Min. Backzeit
250 g Weizen-/Dinkel-Vollkornmehl ·
100 g Butter · ¼ TL Salz · 400 g grü-ne Bohnen · 400 g Kirschtomaten ·
1 Ei · 1 Eigelb · 200 g Schmand ·
Kräutersalz · Bohnenkraut ·
100 g Hartkäse, gerieben

Kartoffel-Pfannkuchen mit grünen Sommersprossen

>> Diese Pfannkuchen sind wertvoll wie ein Steak – und Pfannkuchen sind immer der Hit. «

▶ **Für 2 große und 2 kleine Esser**
gut vorzubereiten
🕐 20 Min.
200 g Pellkartoffeln, vom Vortag · 200 ml Milch · 2 Eier · 1 EL Joghurt · 2–3 EL Weizen-/Dinkel-Vollkornmehl · ¼ TL Salz · 1 Bund Schnittlauch · Butterschmalz zum Braten

– Die Kartoffeln pellen und durch eine Kartoffelpresse drücken oder fein raspeln. **Mit Milch, Eiern, Joghurt, Mehl und Salz verrühren.** Schnittlauch waschen, putzen, trocknen und in feine Röllchen schneiden und unter den Teig rühren.

– Butterschmalz in einer Pfanne erhitzen und kleine Pfannkuchen (10 cm Ø) von beiden Seiten goldgelb ausbacken.

Blumenkohl-»Riesenotto«

>> Schon der Name motiviert zum Essen. Lotta mag es, wenn Onkel Otto zum Riesenotto-Essen kommt, dann wird's immer riesig lustig. «

▶ **Für 2 große und 2 kleine Esser** ❄
braucht etwas mehr Zeit
🕐 50 Min.
250 g Vollkorn-Rundkornreis · 1 Zwiebel · 2 EL Olivenöl · 1 TL Kurkuma · 1,3–1,5 l Gemüsebrühe · 1 Blumenkohl, ca. 800 g · 50 g Parmesan, gerieben · 30 g Butter · ½ Zitrone, Saft

– Den Reis in einem Sieb und fließendem Wasser waschen. **Den Blumenkohl putzen, in Röschen teilen und waschen.** Den Hauptstrunk und die groben Strunkteile raspeln. Die Zwiebel abziehen und fein würfeln. 2 EL Olivenöl mit 2 EL Wasser und dem Kurkuma in einem großen, hohen Topf erhitzen, den Reis 2–3 Minuten unter Rühren glasig werden lassen. Die Raspeln des Blumenkohlstrunks hinzufügen und den Reis nach und nach mit jeweils 2–3 Suppenkellen Brühe ablöschen und warten, bis die Flüssigkeit von dem Reis aufgesogen wird. Anschließend wieder Brühe dazugeben, bis der Reis gar ist und die Brühe verbraucht ist.

– Die Blumenkohlröschen separat bissfest dämpfen oder dünsten.

– Den Parmesan und die Butter sowie den Zitronensaft in den Reis einrühren und die Blumenkohlröschen vorsichtig unterheben. Evtl. mit Salz abschmecken.

Zucchini-Törtchen

》 Bei Muffins liebt Lotta die kleinen Portionsgrößen und dass sie mehrere davon essen kann. Zum Nachtisch gibt's dann noch Beerentörtchen. 《

▶ **Für etwa 10 Törtchen** ❄
geht schnell
🕐 15 Min. + 25 Min. Backzeit
Muffinblech mit Papierförmchen oder Lottas Muffinförmchen · 75 g Maismehl · 50 g Weizen-/Dinkel-Vollkorngrieß · 1 TL Weinstein-Backpulver · ½ TL Kräutersalz · 1 Ei · 50 ml Rapsöl · 50 ml Milch · 150 g Zucchini · 50 g Hartkäse, gerieben

- Den Backofen auf 180 °C vorheizen.

- **Maismehl, Grieß, Backpulver und Kräutersalz in einer Schüssel vermischen.**

- **In einer anderen Schüssel Ei, Öl und Milch glatt rühren und mit einem Kochlöffel in die Mehlmischung einrühren.**

- Die Zucchini waschen, putzen und grob raspeln und mit dem Käse zusammen unter den Teig heben.

- 8–10 Muffinförmchen gegebenenfalls einfetten und den Teig auf sie verteilen.

- 20–25 Minuten backen.

Couscous mit Hähnchenbrust

》 Schmeckt fernöstlich – aber nicht scharf und Lotta isst es gern! 《

▶ **Für 2 große und 2 kleine Esser** ❄
geht schnell
🕐 30 Min.
250 g Couscous · 550 ml Gemüsebrühe, kochend · 300 g Hähnchenbrustfilet · 3 EL Sojasauce · 250 g Cremechampignons · 5 Frühlingszwiebeln · 1 Apfel · 2 EL Olivenöl · Kräutersalz · Butterschmalz · Zitronensaft

- Den Couscous waschen und in eine Schüssel geben. Die kochende Gemüsebrühe über den Couscous geben, einmal umrühren, zudecken und mindestens 20 Minuten ausquellen lassen.

- Das Hähnchenbrustfilet waschen, trocknen, in mundgerechte Stücke schneiden, in der Sojasauce marinieren.

- **Die Champignons mit einem Küchenkrepp putzen und blättrig schneiden.** Die Frühlingszwiebeln waschen, putzen und **in feine Ringe schneiden**, den Apfel waschen, entkernen und **würfeln**.

- Das Olivenöl mit 2 EL Wasser in einer Pfanne erhitzen, die Frühlingszwiebeln und den Apfel darin andünsten, die Cremechampignons dazugeben, das Ganze 5 Minuten weiter dünsten und mit etwas Kräutersalz lecker abschmecken.

- Das Butterschmalz in einer Pfanne erhitzen, das Fleisch darin anbraten, mit der restlichen Sojasauce ablöschen und weitergaren.

- Den Couscous mit zwei Gabeln etwas auflockern, das Gemüse und das Fleisch locker unterrühren, mit Zitronensaft abschmecken und servieren.

Sauerkraut-Schnecken

▶ **Für etwa 35 Schnecken** ❄
braucht etwas mehr Zeit
🕐 **60 Min. + 20 Min. Backzeit**
½ Würfel Hefe · 350 ml Wasser, lauwarm · 1 TL Kräutersalz · 500 g Weizen-/Dinkel-Vollkornmehl · 1 Zwiebel · 1 Apfel · 1 EL Honig · 500 g Sauerkraut · 10 g Butter · 4 EL Sahne · 1 EL Weizen-/Dinkel-Vollkornmehl · Salz, Kümmel · 50 g Butter zum Bestreichen

❯❯ Gut verpackt ist halb gegessen – auch Wintergemüse kann süß schmecken – und Lotta ist begeistert. ❮❮

■ Hefe in etwas Wasser auflösen, das restliche Wasser und das Salz hinzufügen, das Mehl mit einem Kochlöffel unterrühren, zwei Minuten kneten, die Feuchtigkeit überprüfen und evtl. mit etwas Mehl oder Wasser korrigieren. Weitere acht Minuten kneten (mit der Küchenmaschine insgesamt 7 Minuten). Der Teig sollte eine geschmeidige Konsistenz haben. Zugedeckt ca. 45 Minuten gehen lassen.

■ In der Zwischenzeit die Zwiebel abziehen und fein würfeln, den Apfel waschen und grob raspeln. Das Sauerkraut sehr fein schneiden. Die Butter mit 2 EL Wasser in einer großen Pfanne erhitzen, Zwiebel, Apfel und den Honig darin andünsten und anschließend das Sauerkraut dazugeben. Bei geringer Hitze 10 Minuten dünsten. Die Sahne und das Mehl glatt rühren und das Sauerkraut damit andicken. Mit Salz und evtl. Kümmel abschmecken.

■ **Den Teig anschließend noch einmal kräftig durchkneten und teilen.**

■ Den Backofen auf 180 °C Umluft vorheizen.

■ Die Arbeitsplatte mit etwas Mehl bestäuben und jeweils zwei Teigplatten in Backblechgröße ausrollen.

■ Die Butter schmelzen lassen und **die Teigplatten damit bestreichen.** Die Sauerkrautmasse auf die beiden Teigplatten mit 2 Gabeln so verteilen, dass an den längeren Seiten jeweils 4 cm frei bleiben. Die Teigplatten längs aufrollen und in 2–3 cm dicke Scheiben schneiden – diese müssen nicht gleichmäßig sein und schön aussehen. Die Scheiben flach auf ein mit Backpapier ausgelegtes Backblech legen und 20 Minuten goldgelb backen.

Lotta isst mal so und mal anders …

Bis zu Lottas erstem Geburtstag war ihr Essen von den Gefühlen »Hunger«, »Durst« und »Sättigung« geprägt. Katrin und Christian sind immer auf diese Bedürfnisse sofort eingegangen. Mit dem Heranführen an den Familientisch hat sich vieles verändert. »Essen, wenn man hungrig ist« wurde nach und nach abgelöst von »Essen zu bestimmten Zeiten«.

WIE EIN SPATZ · WIE EIN VIELFRASS

Heute fällt es Lotta schon sehr viel leichter, auf das Essen auch ein wenig zu warten, sie weiß auch, dass, wenn das Essen vorbei ist, eine Essenspause eingehalten wird. Für Katrin und Christian ist es aber nach wie vor eine Herausforderung, wenn Lotta wenig oder unfassbar viel isst oder wenn sie die Zeiten zwischen den Mahlzeiten zum Essen nutzen möchte. Je länger sie Eltern sind, umso mehr gelingt es ihnen, solche Phasen zu akzeptieren. Katrin und Christian lernen und akzeptieren immer mehr, dass ihre Erwartungen und Träume in Bezug auf Lottas Persönlichkeit, auch im Hinblick auf das Essen nicht immer mit Lottas realer Entwicklung übereinstimmen.

Lotta isst wie ein Spatz

Auch wenn es den Anschein macht, dass Lotta verhungern könnte, sind Katrins und Christians Sorgen zwar verständlich, aber für Lotta nicht hilfreich. Sie müssen sie ihr gegenüber noch nicht einmal formulieren. Alleine das Gefühl der Sorge, das sie in sich tragen, führt dazu, dass Lotta verunsichert wird und in ihrem Selbstwertgefühl nicht gestärkt wird. Denn dafür, dass sie wie ein Spatz isst, gibt es bestimmt einen Grund. Wenn es Lotta eigentlich gut geht, ist das das beste Zeichen, dass sie ausreichend mit Nährstoffen versorgt ist. In knappen Zeiten werden die Nährstoffe, die der Körper bekommt, eben auch besonders gut verwertet.

Welche Gründe könnte Lotta denn haben?

Sie befindet sich mitten in einem Wachstumsschub und die Energie dafür hat sie sich wahrscheinlich in den Wochen vorher angefuttert. Jetzt muss sie erst einmal wachsen. In dem Fall könnte es sogar sein, dass das wenige Essen im Moment gar nicht so wenig ist, aber im Verhältnis zu dem vielen Essen in der »Fressphase« vor dem Wachstumsschub relativ wenig erscheint.

Vielleicht ist für Lotta im Moment Spielen wichtiger und Essen nur eine Nebensache geworden. Wenn das der Fall sein sollte, dann hilft es vielleicht, eine Pause für alle nach dem Essen zu verordnen, sodass das Spiel Lotta nicht ablenken kann. Vorstellbar ist es auch, dass Lotta ein- bis zweimal in der Woche während des Essens eine Hörspiel-CD hören darf, wenn das die Konzentration auf das Essen verbessert.

Besonders wichtig ist in solchen Zeiten, dass Katrin und Christian ihre Aufmerksamkeit nicht auf Lottas »Nichtessen« lenken, sondern auf Lotta selbst. Vielleicht hat Lotta zum Beispiel auch einfach nur einen Streit im Kindergarten, der ihr den Appetit verdirbt. Vielleicht hilft es auch, einmal beim Essen »verkehrte Welt« zu spielen? Die Rollen zwischen Lotta und ihren Eltern werden getauscht. So erfahren Katrin und Christian schnell, wie anstrengend es für Lotta ist, wenn sie bei Tisch immer wieder ermahnt wird: »Jetzt iss doch!«, »Warum isst du denn nicht?«, »Was ist denn los?«.

Manchmal frisst Lotta ihren Eltern die Haare vom Kopf

Vermutlich befindet sich Lotta vor einem Wachstumsschub. Sie isst, als ob sie das Gefühl hätte, dass es bald nichts mehr geben werde. Doch damit das viele Essen nicht zur Gewohnheit wird, ist es sinnvoll, dass Katrin und Christian den Überblick behalten. Hier hilft es, klare Essenszeiten einzuhalten und ganz bewusst die Zwischenmahlzeiten einzunehmen, auch ihnen einen Anfang und ein Ende zu geben – am besten am Tisch. Manchmal ist es auch erforderlich, das Angebot in dem Sinne zu optimieren, dass besonders die Sattmacher, Nudeln, Kartoffeln, Brot und Reis in ausreichender Menge vorhanden sind. Der Nachtisch kann in solch einer Phase eine besondere Bedeutung bekommen. Mit Quarkspeisen und Joghurt mit Obst oder Vollkornkuchen/-keksen wird Lotta mit guten Nährstoffen und Energie versorgt und es ist für Lotta leichter, bis zur nächsten regulären Mahlzeit durchzuhalten. Und sowieso: Wenn Lotta dann in die Länge schießt, reguliert sich das wieder von alleine. Auch weil es Katrin und Christian gelungen ist, den Unterschied zwischen Appetit und Hunger bei Lotta zu erkennen und adäquat darauf zu reagieren.

Es gibt Tage, an denen Lotta nur zwischen den Mahlzeiten isst ...

... und bei den Mahlzeiten wenig oder gar nichts essen mag. In diesen Phasen schläft sie auch schlechter und findet auch nicht so gut ins Spiel. Katrin und Christian sind sich nicht immer so sicher, woher es kommt. Gerade nach Feiertagen, an denen die Mahlzeiten weniger strukturiert sind, beobachten sie bei Lotta, dass sie besonders zwischen den Mahlzeiten nach Essen verlangt. Und schon beginnt der Teufelskreis – Lotta isst zwischen den Mahlzeiten, hat dann keinen Appetit zu den Mahlzeiten. Sie ist nie richtig satt, aber auch nie richtig hungrig, weder richtig müde, noch richtig ausgeschlafen – auch das wirkt sich auf Lottas allgemeines Verhalten aus. Um den Teufelskreis zu unterbrechen, stellen sie einfach die »herumstehenden« Lebensmittel (Kekse, Obst, Ostereier...) außer Sichtweite von Lotta. So kommt Lotta auch in möglichen »Langeweilezeiten« nicht auf die Idee, zwischendurch zu essen. Auch der »Alltragstrott« sorgt dafür, dass die Essens- und Schlafzeiten sich schnell wieder normalisieren.

Hähnchengeschnetzeltes

>> Viel Sauce, wenig Fleisch und dazu Reis! Das ist Christians Lieblingsgericht. <<

▶ **Für 2 große und 2 kleine Esser**
geht schnell
🕐 **30 Min.**
200 g Vollkornreis · 500 g Hähnchenbrustfilet · 3 EL Maismehl · Butterschmalz · Salz, Curry · 400 ml Gemüsebrühe · 200 g Apfel · 5 Frühlingszwiebeln · 200 g Staudensellerie · 100 g Schmand · 50 ml Sahne · Sojasauce · 20 g Butter · Salz

- Den Reis nach Packungsanweisung garen.

- Fleisch waschen, trocken tupfen, in feine Streifen schneiden und mit dem Maismehl vermischen. Butterschmalz in einer großen hohen Pfanne erhitzen und das Fleisch darin anbraten und würzen. Die Gemüsebrühe angießen. Mit geschlossenem Deckel 10 Min. köcheln lassen.

- **Die Äpfel waschen und entkernen, die Frühlingszwiebeln und den Staudensellerie waschen, putzen** und alles in sehr feine Scheiben schneiden und mit in die Pfanne geben. Weitere 10 Min. köcheln lassen. **Schmand und Sahne glatt rühren** und dazugießen, mit Sojasauce abschmecken und servieren.

- Den Reis mit Butter und Salz abschmecken.

▶ **Das passt dazu**
Salat

Couscous mit Mangold und Lachs aus dem Backofen

>> Die schöne Farbkombination macht schon von sich aus Appetit – hier ist alles drin, was Lotta braucht. <<

▶ **Für 2 große und 2 kleine Esser**
geht schnell
🕐 **30 Min. + 15 Min. Backzeit**
200 g Couscous · 400 ml Gemüsebrühe, kochend · 1 EL Rapsöl · 800 g Mangold · 1 Gemüsezwiebel · 1 EL Rapsöl · 200 ml Gemüsebrühe · 2 EL Cashewkernmus · 8 Tomaten, getrocknet · Salz, Pfeffer · 500 g Lachsfilet · 2 TL Senf · 1–2 EL Paniermehl · 20 g Butter

- Den Couscous waschen und in eine Schüssel geben. Die kochende Gemüsebrühe über den Couscous geben, den EL Rapsöl dazugeben, einmal umrühren, zudecken und mindestens 20 Min. ausquellen lassen.

- **Mangold waschen, putzen, die weißen Stiele sehr fein würfeln**, die Blätter in breite Streifen schneiden, die Gemüsezwiebel abziehen und fein würfeln. Das Rapsöl in einer Pfanne mit einem EL Wasser erhitzen, die Gemüsezwiebel darin andünsten, zuerst die gewürfelten Mangoldstiele hinzufügen, nach 2 Minuten die Blätter hinzufügen und mit der Gemüsebrühe ablöschen und weitere 2–3 Minuten bissfest garen.

- Das Cashewkernmus in das Gemüse einrühren, **die getrockneten Tomaten fein würfeln** und mit dem Gemüse unter den Couscous ziehen. Mit Salz und Pfeffer abschmecken. Die Coucous-Gemüse-Mischung in eine flache Auflaufform geben.

- Den Backofen auf 180 °C Ober-/Unterhitze vorheizen.

- Das Lachsfilet waschen, trocknen, mit Senf bestreichen und in Paniermehl wenden. Das Lachsfilet auf dem Couscous verteilen, Butterflöckchen darübergeben und ca. 15 Minuten backen.

Grüne Nudelpfanne

>> Drei grüne Gemüse gehen im Schlepptau der heiß geliebten Nudeln problemlos mit. Lotta singt dazu »Grün, Grün, Grün sind alle meine Nudeln«. <<

- Das Nudelwasser aufsetzen und die Nudeln nach Packungsanweisung bissfest garen.

- Den Brokkoli waschen, putzen, **den Strunk würfeln**, die Röschen vorsichtig teilen. Die Zwiebel abziehen und würfeln. Das Olivenöl mit 2 EL Wasser in einer großen Pfanne erhitzen und die Brokkoliwürfel und die Zwiebelwürfel darin andünsten, Spinat und Erbsen hinzufügen und mit der Gemüsebrühe ablöschen und ca. 5 Minuten garen. Dann die Brokkoliröschen hinzufügen, eine weitere Minute garen, **die Sahne angießen** und weitere 2 Minuten offen köcheln lassen.

- Die Nudeln abgießen, abtropfen lassen und noch heiß zu dem Gemüse in die Pfanne geben, einmal aufkochen lassen und mit Salz, Pfeffer, Muskat und Zitronensaft abschmecken.

▶ **Für 2 große und 2 kleine Esser**
geht schnell
🕐 **30 Min.**
400 g Nudeln · 200 g Brokkoli · 1 Zwiebel · 200 g Spinat, gehackt, TK · 250 g Erbsen, TK · 2 EL Olivenöl · 250 ml Gemüsebrühe · 100 ml Sahne · Salz, Pfeffer, Muskat, Zitronensaft

Lach(s)-Pizza

▶ **Für ein Backblech**
braucht etwas mehr Zeit
🕐 **10 Min. + 40–55 Min. Geh-**
zeit + 25 Min. Backzeit
½ Würfel Hefe · 150 ml Wasser,
lauwarm · 300 g Dinkelvollkornmehl · 50 g Maisgrieß · 1 TL Salz ·
1 EL Olivenöl · 600 g Kirschtomaten ·
400 g Lachsfilet · 5 Frühlingszwiebeln · 150 g Crème fraîche · 1 TL
Kräutersalz

» **Da Pizza immer geht, bekommt der Lachs hier eine wunderbare Chance. Und für Lotta ist es die Lachpizza!** «

– Hefe in etwas Wasser auflösen, das restliche Wasser, das Salz und das Olivenöl hinzufügen, das Mehl und den Grieß mit einem Kochlöffel unterrühren, zwei Minuten kneten, die Feuchtigkeit überprüfen und evtl. mit etwas Mehl oder Wasser korrigieren. Weitere acht Minuten kneten (mit der Küchenmaschine insgesamt 7 Minuten). Der Teig sollte eine geschmeidige Konsistenz haben. Zu-gedeckt ca. 30–45 Minuten gehen lassen.

– **Die Tomaten waschen, trocknen und halbieren**, das Lachsfilet in mundgerechte Stücke schneiden, die Frühlingszwiebeln waschen, putzen und der Länge nach vierteln und in 10 cm lange Stücke schneiden.

– **Die Crème fraîche mit dem Kräutersalz verrühren.**

– Den Hefeteig noch einmal kräftig durchkneten und auf ein mit Backpapier aus-gelegtes Backblech dünn ausrollen. Die Crème fraîche gleichmäßig daraufstrei-chen, dann die Tomaten mit der Schnittfläche nach oben darauf verteilen und die Lachsstückchen gleichmäßig dazwischensetzen **und die Frühlingszwiebeln darüberstreuen**. Die Pizza 10 Minuten gehen lassen.

– Den Backofen auf 220 °C Ober-/Unterhitze vorheizen.

– Die Pizza auf der unteren Schiene einschieben, den Backofen auf 200 °C herun-terstellen und die Pizza 20–22 Minuten backen. Vor dem Servieren prüfen, ob der Fisch durchgegart ist, anderenfalls die Backzeit verlängern.

Fischstäbchen

>> Käpt'n Lotta isst die lieber als die von dem anderen Käpt'n! «

▶ **Für 2 große und 2 kleine Esser**
geht schnell
🕐 25 Min.
600 g Fischfilet · Zitronensaft, Salz · 1 Ei · 75 g Vollkornknäckebrot · Oliven- oder Rapsöl

▬ Den Backofen auf 190 Grad Ober-/ Unterhitze vorheizen.

▬ Das Fischfilet waschen, trocken tupfen, mit Zitronensaft einreiben und salzen. Das Fischfilet in 2 cm breite Streifen schneiden und von Gräten befreien.

▬ **Das Vollkornknäckebrot mit einem Blitzhacker zerkrümeln und in einen tiefen Teller geben.** Das Ei in einem weiteren tiefen Teller verquirlen. Die Fischstreifen durch das Ei ziehen und dann das Knäckebrot beidseitig andrücken. Die panierten Fischstäbchen auf ein mit Backpapier ausgelegtes Backblech legen und 10 bis 15 Min. backen.

▬ 5 Minuten vor Ende der Backzeit die Fischstäbchen mit etwas Oliven- oder Rapsöl besprühen, dann werden sie noch knuspriger.

▶ **Das passt dazu**
Kartoffelpüree (Seite 87), Salat

Möhrenwaffeln mit Kräuterquark

>> Die lassen sich stapeln wie die Geburtstagstorte von Pettersson – und wenn man hineinbeißt, ist es knusprig und weich zugleich. «

▶ **Für etwa acht Waffeln** ❄
geht schnell
🕐 40 Min.
50 g Butter · 2 Eier · 250–300 ml Mineralwasser · ½ TL Kräutersalz · 300 g Möhren · 100 g Dinkel-Vollkorngrieß · 100 g Dinkel-Vollkornmehl · 80 g Parmesan, gerieben · Evtl. Butterschmalz für das Waffeleisen · 250 g Quark · 50 g Frischkäse · 100 g Joghurt · 3 EL Kräuter, frisch und gehackt · 1 TL Kräutersalz · Pfeffer, Paprika, edelsüß

▬ Die Butter leicht erwärmen, die Möhren waschen, putzen und fein reiben, alle übrigen Zutaten mit der geschmolzenen Butter zu einem Waffelteig verrühren.

▬ Den Teig 15 Minuten quellen lassen, das Waffeleisen vorheizen und gegebenenfalls fetten und 6–8 Waffeln ausbacken.

▬ **Quark, Frischkäse und Joghurt glatt rühren** und mit den Kräutern und Gewürzen abschmecken.

▬ Die Waffeln mit dem Kräuterquark servieren.

Vegetarische Bolognese

>> Hier ist das Gemüse so klein geschnitten, dass Lotta gar nicht merkt, welches Gemüse sie nun gerade im Mund hat. So muss ich Christian immer einen Rest übrig lassen. «

▶ **Für 2 große und 2 kleine Esser** ❄
geht schnell
🕐 15 Min. + 20 Min. Garzeit
300 g Cremechampignons · 100 g Möhre · 100 g Sellerie · 1 Gemüsezwiebel · 2 EL Olivenöl · 1 Dose Pizzatomaten · 2 EL Tomatenmark · Honig · Salz, Pfeffer, Oregano, Paprika, Kräutersalz

▬ **Die Cremechampignons mit Küchenkrepp putzen** und in sehr feine Würfel schneiden/hacken. **Die Möhre und den Sellerie waschen, putzen** und sehr fein würfeln, die Zwiebel abziehen und ebenfalls sehr fein würfeln.

▬ 2 EL Olivenöl mit 2 EL Wasser in einer Pfanne erhitzen und die Champignons darin kräftig anbraten. Möhre, Sellerie und Zwiebel hinzufügen, die Pizzatomaten und das Tomatenmark dazugeben. Bei geschlossenem Deckel 20 Minuten köcheln lassen. Eventuell etwas Wasser hinzufügen. Mit dem Honig und den Gewürzen pikant abschmecken.

Kartoffelpüree mit Spiegelherzen

» 3 Kinder-Hits auf einem Teller – Kartoffelpüree und Spiegelei und Apfel als Gemüse. Lottas absolutes Lieblingsessen. «

▶ **Für 2 große und 2 kleine Esser** ❄
geht schnell
🕐 **40 Min.**
1,3 kg Kartoffeln, mehlig · ½ TL Salz · 200–300 ml Milch · 50 g Butter · Muskat · Butterschmalz · 4–6 Eier · 3 Äpfel

- Die Kartoffeln schälen, **halbieren bzw. vierteln** und in wenig Salzwasser garen. Die Milch erwärmen, die gegarten Kartoffeln durch eine Kartoffelpresse geben oder stampfen, das verbliebene Kartoffelwasser mitverwenden und langsam die Milch unterrühren. Zum Schluss die Butter dazugeben. Mit Muskat und evtl. Salz abschmecken.

- Butterschmalz in einer Pfanne erhitzen, eine Herzchen-Ausstechform in die Pfanne legen und jeweils ein Ei in ein Glas aufschlagen und vorsichtig in die Form geben, dabei die Herzchenform kurz herunterdrücken, bis das Eiweiß gestockt ist.

- **Die Äpfel waschen, trocknen,** entkernen und **in dünne Schnitze schneiden.**

- Das Kartoffelpüree auf einer Platte anrichten, die Spiegelherzen darauf legen und die Apfelschnitzen außen herum als Blütenblätter dekorieren.

- Dieses Gericht lässt sich auch als Tellergericht servieren.

Tipp

Für die Erwachsenen könnte man auch noch Äpfel mit Zwiebeln in der Pfanne braten und anbieten.

Polenta mit Zucchini-Gemüse

» Hier wird an Lottas alte Liebe zum Brei angeknüpft – aber es gibt auch etwas zum Kauen. Bei Lotta hieß das Gemüse früher »Tucketini«, heute weiß sie es richtig. «

▶ **Für 2 große und 2 kleine Esser**
geht schnell
🕐 **35 Min.**
450 ml Gemüsebrühe · 80 ml Sahne · 130 g Polenta · 40 g Hartkäse, gerieben · 20 g Butter · 500 g Zucchini · 1 Paprika, gelb · 1 Paprika, rot · 1 Gemüsezwiebel · 2 EL Olivenöl · 300 ml Gemüsebrühe · 80 g Linsen, rot · Salz, Basilikum

- Die Gemüsebrühe mit der Sahne in einem hohen Topf bei geschlossenem Deckel aufkochen lassen. Den Topf von der Herdplatte nehmen, die Polenta einrühren und anschließend unter Rühren 5 Minuten köcheln lassen. Auf der ausgeschalteten Herdplatte bei geschlossenem Deckel 10 Minuten ausquellen lassen.

- Den Käse und die Butter unterziehen.

- **Zucchini und Paprika waschen, putzen und sehr fein würfeln.** Die Gemüsezwiebel abziehen und fein würfeln.

- 2 EL Olivenöl mit 2 EL Wasser in einer großen Pfanne erhitzen und die Gemüsezwiebel darin andünsten. Das Gemüse dazu geben, kurz mit anbraten und mit der Gemüsebrühe ablöschen.

- **Die Linsen waschen und zu dem Gemüse geben.** Bei geschlossenem Deckel 10 Minuten garen. Mit Salz und Basilikum abschmecken.

Grüner Gugelhupf mit rot-weißem Kern

▶ **Für eine Gugelhupfform braucht etwas mehr Zeit**

🕐 **30 Min. Vorbereitung, 40 Min. Backzeit + 10 Min. Ruhezeit**

750 g TK-Spinat, gehackt · 5 Scheiben Dinkel-/Weizen-Vollkornbrot oder Vollkorntoast · 100 ml Milch · 50 ml Sahne · 1–2 Knoblauchzehen · 3 Eier · 100 g Weizen-/Dinkel-Vollkorngrieß · 50 g Hartkäse, gerieben · Kräutersalz · Butterschmalz für die Form · 2 EL Sesam · 5 Tomaten · 100 g Feta · 2 EL Olivenöl · Salz, Zitronensaft

》 **Der Gugelhupf sieht toll aus und der Spinat rutscht nicht von der Gabel. Lotta backt ihn im Garten aus Moos – mit Blumen in der Mitte. 《**

- Den Spinat auftauen, das Brot in kleine Würfel schneiden und in der Milch und der Sahne einweichen.

- Backofen auf 175 °C Ober-/Unterhitze vorheizen.

- Knoblauch schälen und fein schneiden. Die Eier trennen und das Eiweiß mit ½ TL Kräutersalz zu Eischnee schlagen.

- **Das eingeweichte Brot mit den Händen gut verkneten und mit dem Spinat, dem Grieß, den Eigelben und dem Knoblauch mit einem Löffel gut verrühren.**

- Zum Schluss den Eischnee vorsichtig unterziehen.

- **Die Form mit Butterschmalz einfetten und mit Sesam ausstreuen.** Den Spinatteig gleichmäßig einfüllen und ca. 40 Minuten backen.

- In der Zwischenzeit die Tomaten waschen, trocknen, zusammen mit dem Feta fein würfeln und vermischen. Mit Olivenöl, Salz und Zitronensaft abschmecken.

- Den Gugelhupf aus dem Backofen nehmen, 5–10 Minuten in der Form ruhen lassen und stürzen. Den Tomatensalat in die mittlere Öffnung geben, evtl. noch außen herum dekorieren und servieren.

- Im Winter kann man auch sehr gut den Tomatensalat durch frischen Möhrensalat ersetzen.

Kinderspargel mit Kartoffelecken

>> Schwarzwurzeln – ein sehr altes, vergessenes Gemüse – schmeckt besonders jüngeren Kindern. Lotta wundert sich über die schmutzigen Dinger, die hinterher so schön weiß sind. «

▶ **Für 2 große und 2 kleine Esser**
geht schnell
🕐 **35 Min.**
1 kg Kartoffeln, festkochend · 2 EL Olivenöl · 800 g Schwarzwurzeln · Zitronensaft · 1 EL Maismehl · 150 ml Milch · 50 ml Sahne · Salz, Muskat, Zitronensaft

- Den Backofen auf 180 °C Ober-/Unterhitze vorheizen.

- **Die Kartoffeln gut unter fließendem Wasser bürsten und vierteln. Mit 2 Esslöffeln Olivenöl in einer Schüssel verrühren und auf ein mit Backpapier ausgelegtes Backblech geben.** Ca. 25 Minuten backen.

- In der Zwischenzeit die Schwarzwurzeln mit Einmalhandschuhen schälen und sofort in warmes Zitronenwasser legen, damit sie nicht verfärben. Die Schwarzwurzeln in 5 cm lange Stücke schneiden und in wenig Wasser 5–6 Minuten garen.

- **Das Maismehl mit Milch und Sahne glatt rühren und in das Gemüse einrühren und aufkochen lassen.**

- Mit Salz, Muskat und Zitronensaft abschmecken.

- Die Kartoffelecken aus dem Ofen nehmen und salzen.

Kartoffel-Kürbis-Auflauf

>> Erst schnitzt Lotta dem Kürbis ein Gesicht – hinterher schmeckt er umso besser. Gerne stibitzt sie den Käse von Katrins Teller. «

▶ **Für eine Auflaufform**
geht schnell
🕐 30 Min. Garzeit für die Kartoffeln + 15 Min. + 40 Min. Backzeit
1 kg Kartoffeln, festkochend · 500 g Hokkaidokürbis · 2 Eier · 100 g Quark · 3 EL Dinkel-Vollkorn-Grieß · 20 g Rosinen · Salz, Pfeffer, Curry · Butterschmalz für die Form · 100 g Ziegenfrischkäse

- Die Kartoffeln unter fließendem Wasser bürsten und bissfest garen.

- Den Backofen auf 175 °C Ober-/Unterhitze vorheizen.

- Den Kürbis bürsten, halbieren, entkernen und sehr fein raspeln.

- Die Kartoffeln kalt abschrecken, pellen und grob raspeln und mit dem Kürbis vermischen. **Die Eier, den Quark, den Grieß und die Rosinen unterrühren.** Mit Salz, Pfeffer und Curry abschmecken.

- Eine Auflaufform fetten, **die Kürbis-Kartoffel-Masse einfüllen, glatt streichen** und 30 Minuten backen.

- **Den Ziegenfrischkäse zerbröseln und auf dem Kuchen verteilen.** Weitere 10 Minuten backen.

Grießkroketten

» Die schmecken auf jeden Fall, weil hier Lotta die Küchenchefin ist. Hier bleibt nichts übrig! «

▶ **Für 2 große und 2 kleine Esser**
geht schnell
🕐 **15 Min. + 25 Minuten Backzeit**
250 g Quark · 250 g Dinkel-Vollkorn-Grieß · 1 Ei ·
100 g Joghurt · 2 EL Rapsöl · Salz

▬ **Den Quark etwas abtropfen lassen und mit dem Grieß, dem Ei, dem Joghurt, dem Öl und den Salz zu einem Teig kneten.**

▬ Den Backofen auf 180 °C Ober-/Unterhitze vorheizen.

▬ Aus dem Teig Kroketten von 6 cm Länge und 1,5 cm Durchmesser formen und diese auf ein mit Backpapier ausgelegtes Backblech legen.

▬ In 25 Minuten goldbraun backen.

▶ **Das passt dazu**
Avocadocreme, Gemüse, Salat

Chefin

Lehrling

Lasagne

» Wie gut, dass Lotta alle Zutaten gut kennt, die in der Lasagne geschichtet sind. Da macht ihr das Durcheinander kein Problem. «

▶ **Für eine Auflaufform** ❄
braucht etwas mehr Zeit
🕐 **45 Min. + 40 Min. Backzeit**
250 g Dinkel-Vollkornmehl · 2 EL Olivenöl · 1 Ei · 1 Pr. Salz ·
400 g Kohlrabi · 400 g Möhren · 200 g Erbsen · 1 Gemüsezwiebel · 400 ml Milch · 3 EL Dinkel-Vollkornmehl · 20 g Butter · 200 g Hartkäse, gerieben · Salz, Pfeffer, Muskat

▬ Das Mehl, das Olivenöl, das Ei und die Prise Salz mit 50–80 ml Wasser zu einem Teig zusammenrühren und 5 Minuten kneten, der Teig sollte glatt und elastisch sein. Den Teig zu einer Kugel formen, in Folie verpacken und 30 Minuten bei Zimmertemperatur ruhen lassen.

▬ Den Kohlrabi abziehen, vierteln, die Möhren waschen, bürsten, putzen und beides in dünne Scheiben schneiden, mit den Erbsen bissfest dünsten. Die Gemüsezwiebel fein würfeln. Das aufgefangene Gemüsewasser mit Wasser auf 200 ml auffüllen, mit der Milch, 3 EL Dinkelmehl und der Zwiebel glatt rühren und unter Rühren 3 Minuten köcheln lassen. Die Butter und die Hälfte des Käses einrühren. Mit Salz, Pfeffer und Muskat abschmecken.

▬ Den Backofen auf 180 °C Ober-/Unterhitze vorheizen.

▬ Den Teig in 3 Teile teilen, nicht noch einmal durchkneten (!) und in Platten, passend zur Auflaufform, ausrollen.

▬ **Zuerst 1/3 des Gemüses in die Auflaufform geben, 1/4 der Sauce darübergeben, dann eine Lasagne-Platte drauflegen. Zweimal wiederholen und zuletzt die restliche Sauce und den restlichen geriebenen Käse darübergeben.**

▬ 40 Minuten backen.

Lotta isst das Gemüse nicht

Lottas manchmal sehr kritischer Blick auf das Gemüse hat nichts mit »Ich will jetzt mal meine Eltern ärgern« zu tun, sondern es ist eine evolutionsgeschichtlich fest verankerte Überlebensstrategie. Denn unsere Vorvorfahren hatten erkannt, dass nur süße Lebensmittel nährstoffreich und nicht verdorben sind.

Was bedeutet das nun für das Gemüse? Gemüse ist in der Regel weder süß, noch hat es viel Energie, und es vermittelt den instinktgetriebenen Kindern noch, dass es eher ungenießbar ist und auch nicht satt macht. Daher ist es ganz normal, dass Lotta das Gemüseessen erst noch lernen muss.

Hinzu kommt, dass Lotta wie alle Kinder, alles, was neu ist, erst einmal ablehnt und Eltern, Großeltern und Erzieherinnen müssen ihr viel Zeit geben, damit sie sich in unsere Esskultur »hineinschmecken« kann. Denn Kinder lernen zu mögen, was sie essen. So braucht es manch einmal bis zu 15 Kontakte mit ein und demselben Lebensmittel, bis das das Kind es für sich entdeckt hat. Diese Kontakte sollten sehr vielfältig und sinnlich sein.

»Ema«, Lottas Großmutter, macht immer wieder die Erfahrung, dass Lotta bereit ist, zu kooperieren, wenn sie in ihren Gefühlen wertgeschätzt wird. Katrin und Christian haben auch gemerkt, dass Lotta die Gemeinschaft liebt und daher am liebsten genau das isst, was alle essen. Auch die Eltern genießen es, wenn sie mit Lotta gemeinsam »aus einem Topf« essen.

Lotta mag keine rote Paprika mehr

Das ist nur ein Problem, wenn Katrin und Christian eines daraus machen. Sie haben sich entschieden, kein Problem daraus zu machen. Als Lotta wieder einmal die Paprika beim Abendessen nicht haben wollte, ist Katrin in ihrer gelassenen Art folgendermaßen darauf eingegangen: Sie hat sich gefreut und gesagt: »Das ist ja toll, gib sie her, ich esse sie so wahnsinnig gerne.« Dies führte dazu, dass Lotta sich nach und nach von allein wieder für die Paprika interessierte. Wie gut, dass Katrin und

Christian Lotta keinen Druck gemacht haben, dies hätte vermutlich nur zu Ärger und Frust auf beiden Seiten geführt. In diesem Falle hätte das Thema »Aufmerksamkeit« unnötigerweise einen höheren Stellenwert bekommen als das Thema »Paprika nicht essen«.

Erbsen gehen nur mit Aussicht auf Nachtisch

Ema, Christians Mutter, hat über die Regel »Es gibt nur dann Nachtisch, wenn das Gemüse gegessen ist« nachgedacht. Diese Regel galt ganz klar, als Christian noch ein Kind war. Doch so richtig wohl gefühlt hat sie sich damit nicht. Eigentlich wurde dadurch die Erbse abgewertet und der Nachtisch aufgewertet. Und das ist genau das Signal, das sie heute ihrer Enkelin Lotta nicht geben möchte. Daher gilt für Ema heute die Regel: »Nachtisch gibt es auch ohne Gemüse«. Allerdings ist dieser

Nachtisch so portioniert, dass es nicht möglich ist, sich daran satt zu essen. Das Essen sollte von den Grundbedürfnissen Hunger und Sättigung reguliert werden und nicht von der Belohnung, dem Nachtisch.

Christian genießt bei Tisch die Erbsen aus voller Überzeugung und fühlt sich sichtlich wohl damit. Lotta, die im Moment von ihrem Vater ganz begeistert ist, hat sich schon ganz viel von ihm abgeschaut. In dem Moment, in dem Lotta den Nachtisch sicher hatte, kann sie sich auf eine ganz andere und neue genussvolle Art und Weise dem Gemüse nähern. Lotta isst jetzt das Gemüse, weil sie in Christian ein gutes Vorbild hat und weil sie es freiwillig, ohne »Nachtisch-Erpressung«, essen darf.

Etwas Neues lehnt Lotta erst mal ab

Katrin und Christian haben in den letzten Monaten schon häufiger bemerkt, dass Lotta, sobald es etwas Neues gibt, dieses erst einmal ablehnt. Sie empfinden es schon als einen Erfolg, wenn Lotta sich den Rotkohl näher anschaut. Als sie klein war, bis etwa 1½ Jahre, war das nie ein Problem, Lotta saß entweder auf dem einen oder auf dem anderen Schoß und vertraute zu 100 Prozent ihren Eltern, dass das, was da auf dem Teller liegt, auch in Ordnung ist. Heute macht sie den Eindruck, dass sie über dieses Beobachten des neuen Essens selber versuchen möchte, herauszufinden, ob das eine »sichere« Nahrung für sie sein könnte. Lottas

Eltern haben sich einen sehr guten Trick überlegt: Immer dann, wenn sie etwas für Lotta Unbekanntes anbieten, gibt es gleichzeitig eine Komponente, die ihr besonders gut schmeckt und vertraut ist. So haben ihr ihre geliebten Kartoffelklöße Mut gemacht, sich den Rotkohl intensiver anzuschauen und nach einiger Zeit auch zu probieren. Im zweiten Winter waren ihre Geschmacksnerven beim Probieren des Rotkohls nicht mehr überrascht, sodass Lotta den Rotkohl langsam lieben lernte. Katrin und Christian haben sich schon Gedanken darüber gemacht, wann sie denn dann wohl in der kurzen Spargelzeit das erste Mal mit Lotta Spargel gemeinsam genießen können.

Lottas Freund Max liebt Nudeln mit Tomatensauce

Die Elter von Max waren es irgendwann leid, jeden Tag mit ihm über das Essen zu diskutieren, denn er wollte eigentlich nur Nudeln mit Tomatensauce. So haben sie ihm acht Wochen lang jeden Abend Nudeln mit Tomatensauce gekocht und siehe da: An einem Abend, als sein Vater anfangen wollte zu kochen, schrie Max nur noch: »Bitte keine Nudeln mit Tomatensauce!« Der Spuk war vorbei und Max wurde von Woche zu Woche flexibler. Seine Eltern waren sehr erleichtert, dass Max wieder verschiedene Lebensmittel isst. Obwohl sie hinter ihrem »Experiment« standen, machten sie sich nach einigen Wochen doch auch Sorgen um die ausgewogene Nährstoffversorgung von Max. Die Sorgenzeit war eine kurze Zeit, denn

Max hat von alleine die Kurve bekommen.

Lotta ist beim Essen manchmal sehr wählerisch...

... das ist zumindest die Meinung von Oma Susi. Anfangs sind Katrin und Christian auf Lottas wählerisches Essverhalten bei Tisch nicht eingegangen. Sie haben versucht, sie dazu zu bringen, das, was auf den Tisch kommt, zu essen. Schnell kamen sie in ein »Fahrwasser« des Herummäkelns an ihrem Kind. Die Situation bei Tisch wurde für Lotta und die ganze Familie immer unbefriedigender, Lotta wurde immer wählerischer.

Im Kindergarten und bei Ema war sie nach wie vor eine hervorragende Esserin. Das brachte Katrin und Christian auf den Gedanken, dass es Lotta gar nicht um das Essen, sondern um einen vorsichtigen Hilferuf »Hier stimmt was nicht!« ging. Sie haben die Tischsituation reflektiert und dabei den Eindruck gewonnen, dass Lotta eigentlich mit ihrem wählerischen Essverhalten nur signalisieren wollte, dass gerade etwas nicht stimmt. Sie fragte sich, ob hier in der Familie überhaupt Platz für sie als Lotta ist, so wie sie ist. Nun mäkeln sie nicht mehr ständig an ihr herum und geben ihr Zeit, das Essen kennenzulernen. Sie vertrauen darauf, dass Lotta die richtigen Tischmanieren lernt, wenn die Eltern sie ihr vormachen. Jetzt steht der Genuss für die ganze Familie wieder im Vordergrund.

Goldtaler mit Wirsing

▶ **Für etwa 16 Taler** ❄
braucht etwas mehr Zeit
🕐 **10 Min. + mind. 20 Min. Ausquellzeit + 30 Min. Backzeit**
250 g Hirse · 650 ml Gemüsebrühe · 2 Eier · 100 g Quark · Thymian ·
100 g Ziegenrolle · 800 g Wirsing ·
10 g Butter · 200 ml Gemüsebrühe · 5 Aprikosen, getrocknet ·
2 EL Cashewkernmus · Salz, Zitronensaft

》》 **Der Wirsing hat durch seine Süße und Cremigkeit auch Lotta überzeugt – die
Goldtaler schmecken sowieso, obwohl sie nicht in die Spardose passen. 《**

▬ Die Hirse in einem Sieb unter fließendem heißem Wasser waschen. Die Gemüsebrühe aufkochen, die Hirse in die kochende Brühe hineingeben, 10 Minuten
köcheln lassen, anschließend mindestens 20 Minuten ohne Hitzezufuhr bei geschlossenem Deckel ausquellen lassen.

▬ Den Backofen auf 180 °C Ober-/Unterhitze vorheizen.

▬ Die Eier und den Quark mit einem Löffel unter die Hirse rühren, **14–16 Taler
daraus formen und auf ein mit Backpapier ausgelegtes Blech legen.** 20 Minuten
backen.

▬ **In der Zwischenzeit die Ziegenrolle in 14–16 dünne Scheiben schneiden.** Die
Taler aus dem Ofen nehmen und jeweils 1 Scheibe Käse darauf geben. Weitere
10 Minuten in den Ofen geben.

▬ Den Wirsing waschen, putzen, vierteln, den Strunk herausschneiden und die
Wirsingviertel in Streifen schneiden. Butter in einem hohen Topf mit 1 EL Wasser erhitzen, den Wirsing darin andünsten und mit der Gemüsebrühe ablöschen. Die Aprikosen fein würfeln und zu dem Wirsing geben und 8 Minuten
bissfest garen. Das Cashewkernmus in den Wirsing einrühren und mit Salz und
Zitronensaft abschmecken.

Kräuterknödel in grüner Sauce

>> Zählenlernen beim Mittagessen ... Wie viele Knödel und wie viele Erbsen isst Lotta? «

▶ **Für 10 Knödel** ❄
braucht etwas mehr Zeit
🕐 **30 Min. Ausquellzeit + 25 Min.**
250 g Quark · 80 g Dinkel-Vollkorngrieß · 30 g Dinkel-Vollkornmehl · 1 Ei · 3 EL gemischte Kräuter, gehackt · Salz · 4 Frühlingszwiebeln · 1 EL Olivenöl · 150 ml Gemüsebrühe · 500 g Erbsen, TK · 80 ml Sahne · Salz, Zitronensaft, Minze

- **Quark, Grieß, Mehl, Ei und Kräuter miteinander verrühren** und mit Salz abschmecken. Den Teig mindestens 30 Minuten quellen lassen.

- Die Frühlingszwiebeln waschen, putzen und in feine Ringe schneiden. Das Olivenöl mit 1 EL Wasser in einer hohen Pfanne erhitzen und die Zwiebeln darin andünsten. Die Gemüsebrühe angießen, die Erbsen hinzufügen und 4–5 Minuten garen. Die Sahne angießen und mit Salz, Zitronensaft und Minze abschmecken.

- In einem Topf Wasser mit etwas Salz aufkochen, **aus dem Teig ca. 10 kleine Knödel formen** und diese in das nur noch schwach siedende Wasser geben und garen, bis die Knödel an der Oberfläche schwimmen. Mit einem Schaumlöffel herausnehmen und in die Pfanne auf die grüne Sauce setzen.

▶ **Das passt dazu**
Salat

Kleine Klopse in Zitronensauce mit Bohnen und Reis

>> Anfangs mochte Lotta die Sauce gerne riechen, aber nicht essen, inzwischen macht sie mit Christian Klopswettessen. Sie dichtet lustig: »Ein kleiner dicker Mops, saß still auf einem Klops«. «

▶ **Für 2 große und 2 kleine Esser** ❄
geht schnell
🕐 **35 Min.**
200 g Vollkornreis · 200 g Rinderhackfleisch · 200 g Schweinehackfleisch · 40–50 g Paniermehl · 2 Eier · 2 EL Petersilie, gehackt · Senf, Kräutersalz · 500 ml Gemüsebrühe · 1 Zitrone, Saft · 1 Lorbeerblatt · 100 ml Sahne · 20–30 g Maismehl · 500 g Bohnen, grün · Salz · 20 g Butter

- Den Reis nach Packungsanweisung garen.

- **Das Fleisch mit dem Paniermehl, den Eiern, der Petersilie verkneten** und mit Senf und Kräutersalz abschmecken

- Die Gemüsebrühe in einem breiten Topf mit Zitronensaft und Lorbeerblatt aufkochen. Aus dem Fleischteig mit feuchten Händen kleine Klopse formen und in die Brühe geben und bei mittlerer Hitzezufuhr offen ca. 20 Minuten garen. Die Klopse mit einem Schaumlöffel herausnehmen und warm stellen. Das Lorbeerblatt herausnehmen, **die Sahne mit dem Mehl glatt rühren** und in die Brühe einrühren, 2–3 Minuten köcheln. Die Klopse in die Sauce geben.

- **Die Bohnen waschen, putzen, evtl. halbieren**, bissfest dünsten oder dämpfen. Die Bohnen mit dem Reis und der Butter vermischen und mit Salz abschmecken.

▶ **Das passt dazu**
Salat

Tomaten-Bulgur mit Brokkoli

» Eine rote Insel mit Brokkolibäumen – hier kann Lotta nicht widerstehen. Sie erinnert sich gerne an den Urlaub in Bulgurien! «

▶ **Für 2 große und 2 kleine Esser**
geht schnell
🕐 **30 Min.**
250 g Bulgur · 400 ml Gemüsebrühe, kochend · 300 g Tomaten · 2 EL Tomatenmark · 1 TL Honig · 1 Zwiebel · 2 EL Olivenöl · Salz, Oregano · 100 g Schinken, gekocht, als dicke Scheibe · 600 g Brokkoli · 20 g Butter · Salz

▬ Den Bulgur unter fließendem Wasser in einem Küchensieb waschen, in eine Schüssel geben und die kochende Gemüsebrühe darüber geben. Die Schüssel abdecken und den Bulgur 20 Minuten quellen lassen.

▬ Die Tomaten am Stielansatz kreuzweise einschneiden und mit kochendem Wasser überbrühen, die Haut abziehen und **die Tomaten achteln. Die Kerne mit dem Tomatenmark und dem Honig pürieren, das Fruchtfleisch fein würfeln.**

▬ Die Zwiebel abziehen und sehr fein würfeln. In einer großen Pfanne das Olivenöl mit 2 EL Wasser erhitzen, die Zwiebel darin weich dünsten, die Tomaten und die Tomatensauce kurz mit andünsten, den gequollenen Bulgur unterziehen und mit Salz und Oregano abschmecken. **Den Schinken würfeln und auf dem Bulgur verteilen.**

▬ Den Brokkoli waschen, putzen, **den Strunk würfeln, die Röschen fein zerteilen** und bissfest dünsten bzw. dämpfen. Mit Salz abschmecken und die Butter in Flöckchen darübergeben.

▶ **Das passt dazu**
Salat

Kartoffelklöße mit Rotkohl

» Kartoffelklöße mit Rotkohl gehören genauso zusammen wie Schneeweißchen und Rosenrot. Und wenn Lotta viel Kartoffelkloß mit wenig Rotkohl vermischt, entsteht ROSA! «

▶ **Für 2 große und 2 kleine Esser**
geht schnell
🕐 **30 Min.**
1 kg Pellkartoffeln, vorwiegend festkochend, vom Vortag · 100 g Dinkelmehl Type 1050 · 2 Eier · ¼ TL Salz · Salz für das Kochwasser · 600 g Rotkohl · ½ TL Salz · 2 Äpfel · 1 Gemüsezwiebel · Butterschmalz · 4 EL Johannisbeergelee · Zitronensaft, Zimt, Salz

▬ Die Kartoffeln pellen und **durch die Kartoffelpresse geben, mit Mehl, Eiern und Salz zu einem geschmeidigen Teig kneten.** 8–10 Klöße formen.

▬ In einem Topf Salzwasser zum Kochen bringen und die Klöße in das nur noch leicht siedende Wasser geben. Ca. 10 Minuten gar ziehen lassen und mit einem Schaumlöffel herausnehmen.

▬ Den Kohl vierteln und den groben Strunk herausschneiden, die Rotkohlviertel fein hobeln oder mit einem Messer fein schneiden. Den Rotkohl in eine Schüssel geben, das Salz darüberstreuen und 1–2 Minuten den Rotkohl fest durchkneten.

▬ **Die Äpfel waschen, trocknen und rund um das Kerngehäuse grob raspeln.** Die Gemüsezwiebel abziehen, sehr fein würfeln. Butterschmalz in einem Topf erhitzen und die Zwiebel und die Äpfel darin anbraten. Den Rotkohl dazugeben und unter gelegentlichem Rühren ca. 10 Minuten dünsten. Das Johannisbeergelee glatt rühren, unter den Rotkohl ziehen und mit Zitronensaft, Zimt und Salz abschmecken.

Wintergemüse vom Blech

▶ **Für ein Backblech**
geht schnell
🕐 **20 Min. + 45 Min. Backzeit**
500 g Kartoffeln · 500 g Möhren ·
500 g Pastinaken · 500 g Hokkaidokürbis · 3 EL Olivenöl · 3 Schalotten ·
1 Zweig Rosmarin · Kräutersalz,
Paprikapulver, Pfeffer

❯❯ Knuspriges Gemüse, das Lotta gerne auch mit den Fingern isst. ❮

▬ Die Kartoffeln, Möhren, Pastinaken und den Kürbis unter fließendem Wasser
gut bürsten, putzen, den Kürbis entkernen und alles in Würfel mit 2 cm Kantenlänge bzw. 2 cm dicke Scheiben schneiden. In einer Schüssel mit dem Olivenöl gut vermischen.

▬ Den Backofen auf 180 °C Ober-/Unterhitze vorheizen.

▬ Die Zwiebeln abziehen, achteln.

▬ Das Gemüse auf einem mit Backpapier ausgelegtem Backblech gleichmäßig verteilen, die Zwiebel achteln und den Rosmarinzweig darübergeben und
45 Minuten backen.

▬ Nach der Hälfte der Garzeit das Gemüse mit einem Pfannenwender wenden.

▬ Mit Salz, Pfeffer und Paprika würzen.

▶ **Das passt dazu**
Kräuterquark (Seite 86)

Erbsenbällchen mit Tomatenragout und Reis

▶ **Für 2 große und 2 kleine Esser geht schnell**
🕐 **45 Min.**

200 g Vollkornreis · 1 Zwiebel · 450 g Erbsen, TK · 2 Knoblauchzehen · ½ Bd. Petersilie · 40 g Paniermehl · 40 g Weizen-/Dinkel-Vollkornmehl · Salz, Fenchelsamen, gemahlen, Zitronensaft · 1 TL Butterschmalz · 1 EL Olivenöl · 600 g Fleischtomaten · 2 EL Olivenöl · 1 Gemüsezwiebel · Salz, Honig

≫ Eine krosse Haut mit weichem Kern – aus vielen kleinen Erbsen wird ein großes Erbsenbällchen. Lotta fühlt sich wie eine Prinzessin auf der Riesenerbse! ≪

▪ Den Vollkornreis nach Packungsanweisung zubereiten.

▪ Die Zwiebel abziehen und fein würfeln und mit den Erbsen in wenig Wasser 5 Minuten garen.

▪ Die Erbsen abgießen, die Knoblauchzehe abziehen und klein schneiden, **die Petersilie waschen, trocknen, putzen und alles zusammen gut durchpürieren.**

▪ Das Paniermehl mit dem Mehl vermischen und unter das Erbsenpüree rühren und mit den Gewürzen abschmecken. **Mit bemehlten Händen ca. 25 walnussgroße Bällchen formen.**

▪ In einer Pfanne das Butterschmalz und das Olivenöl erhitzen und die Erbsenbällchen von allen Seiten braten.

▪ Die Tomaten am Stielansatz kreuzweise einschneiden und mit kochendem Wasser überbrühen, abziehen **und in Würfel schneiden.** Die Zwiebel abziehen, fein würfeln. Das Olivenöl in einer Pfanne mit 2 EL Wasser erhitzen und die Zwiebelwürfel darin andünsten. Die Tomatenwürfel ebenfalls in die Pfanne geben und 5 Minuten bissfest garen. Mit den Gewürzen abschmecken.

▶ **Das passt dazu**
Salat

Grüner Spargel mit Eiern in Dillsauce

≫ Drei Stückchen Spargel, ein Köpfchen und ein Ei – Lottas Fantasietier ist schnell gelegt und gern verputzt. Erst ei(n) Spargel, dann (zw)ei und dann (dr)ei! ≪

▶ **Für 2 große und 2 kleine Esser**
geht schnell
🕐 25 Min.
4–6 Eier · 300 ml Milch · 30–35 g Dinkel-Vollkornmehl · 1–2 TL Senf · 1 Bd. Dill · 50 g Crème fraîche · Salz, Zitronensaft · 800 g Spargel, grün · 2 EL Olivenöl

▬ Die Eier hart kochen.

▬ **Die Milch mit 200 ml Wasser und dem Mehl glatt rühren,** aufkochen und 3 Minuten köcheln lassen. Den Senf einrühren, Dill waschen, trocknen und sehr fein schneiden und mit der Crème fraîche in die Sauce einrühren. Mit Salz und Zitronensaft abschmecken.

▬ Die Eier pellen und in die Sauce geben.

▬ **Den Spargel waschen, am Fußende 1 cm abschneiden, den Spargel in 10 cm lange Stücke schneiden,** das Olivenöl mit 2 EL Wasser in einer großen Pfanne erhitzen, den Spargel darin anbraten und bissfest garen. Mit Salz abschmecken.

▶ **Das passt dazu:**
Pellkartoffeln.

Spaghetti mit Tomatensauce

≫ Hier steht der Spaß im Vordergrund – aber schmecken tut es auch. Nun singt Lotta »Rot, rot, rot werden alle meine Kleider« – leider! ≪

▶ **Für 2 große und 2 kleine Esser** ❄
geht schnell
🕐 30 Min.
400 g Vollkornspaghetti · 600 g Kirschtomaten · 1 EL Tomatenmark · 4 Datteln · 10 Basilikumblätter · 3 EL Olivenöl · 1 Zwiebel · 1 EL Olivenöl · Salz, Paprikapulver · 1 Knoblauchzehe

▬ Die Spaghetti nach Packungsanweisung bissfest garen.

▬ **Die Tomaten waschen und mit dem Tomatenmark, den Datteln, dem Basilikum und den 3 EL Olivenöl fein pürieren.**

▬ Die Zwiebel abziehen und fein würfeln. 1 EL Olivenöl mit 1 EL Wasser in einem Topf erhitzen, die Zwiebel darin andünsten, **die Tomatensauce darübergeben** und mindestens 15 Minuten bei kleiner Hitze köcheln lassen. Mit Salz und Paprikapulver abschmecken. Die Knoblauchzehe abziehen, sehr fein schneiden oder pressen und kurz vor dem Servieren in die Tomatensauce einrühren.

Hackbraten – falscher Hase mit gemischtem Gemüse

▶ **Für eine Auflaufform** ❄
braucht etwas mehr Zeit
🕐 **30 Min. + 50 Min. Backzeit**
400 g Lamm-(Rinder-)Hackfleisch ·
2 Eier · 50 g Dinkel-Vollkorn-Grieß ·
50 g Paniermehl · 100 g Sellerie ·
100 g Kartoffeln · 1 Zwiebel · Salz,
Pfeffer, Muskat · Butterschmalz für
die Form · 300 g Brokkoli · 300 g Blumenkohl · 100 g Möhre · 10 g Butter ·
300 g Mais · 150 ml Gemüsebrühe ·
150 ml Milch · 1 EL Dinkel-Vollkornmehl · 20 g Butter · Kräutersalz,
Muskat, Zitronensaft

》 **Ein zarter Braten und immer ohne Sehnen und Fettrand. Lotta stellt erstaunt fest, dass das ja gar kein Hase ist.** 《

▪ Den Ofen auf 180 °C Ober-/Unterhitze vorheizen.

▪ Das Hackfleisch mit den Eiern, dem Grieß und dem Paniermehl verkneten. Sellerie und Kartoffeln waschen, putzen und sehr fein raspeln. Die Zwiebel abziehen und fein würfeln. Gemüse und Zwiebel unter den Fleischteig kneten, mit
Salz, Pfeffer und Muskat würzen.

▪ Eine Auflauf- oder Kastenform fetten, den Fleischteig zu einem Hackbraten formen und in die Form geben. 50 Minuten backen.

▪ **Brokkoli und den Blumenkohl waschen, putzen, die groben Strunke würfeln und
die Röschen fein zerteilen. Die Möhre waschen, putzen und fein würfeln.**

▪ 10 g Butter in einer hohen Pfanne mit 2 EL Wasser erhitzen, zuerst die Strunke
und die Möhre darin andünsten und dann die Röschen und den Mais hinzufügen. Mit der Gemüsebrühe ablöschen und das Gemüse in 3–4 Minuten bissfest
garen. Das Gemüse mit einem Schaumlöffel herausnehmen, in eine Schüssel
geben und warm halten. **Die Milch mit dem Mehl glatt rühren** und mit einem
Schneebesen in die verbliebene Gemüsebrühe einrühren und unter Rühren
2–3 Minuten köcheln lassen und mit Kräutersalz, Kräutersalz und Zitronensaft
abschmecken. 20 g Butter einrühren und die Sauce mit dem Gemüse vermischen.

▶ **Das passt dazu**
Pellkartoffeln

Überraschungs-Hackbällchen

>> Davon isst Lotta so viele, um zu sehen, ob jedes Hackbällchen eine Überraschung hat. Lottas Opa sagt immer »Kackbällchen« dazu. «

▶ **Für etwa 12 Hackbällchen** ❄ **geht schnell**
🕐 10 Min. + 25 Min. Backzeit
1 Zwiebel · 300 g Rinderhackfleisch · 100 g Weizen-/Dinkel-Vollkorngrieß · 1 Ei · 2 EL Tomatenmark · 1 TL Oregano · Salz · 60 g Feta

– Zwiebel abziehen und fein schneiden und mit dem Rinderhackfleisch, dem Grieß, dem Ei, dem Tomatenmark, dem Oregano und dem Salz gut verkneten.

– **Den Feta in 10–12 Würfel schneiden.**

– Den Backofen auf 200 Grad Ober-/Unterhitze vorheizen.

– Jeweils einen Fetawürfel in einem Hackbällchen verstecken und dieses auf ein mit Backpapier ausgelegtes Blech setzen. 20 bis 25 Min. backen.

▶ **Das passt dazu**
Pellkartoffeln und Salat

Spitzkohleintopf

>> Das ist die Erfindung von Lottas Lieblingsopa, der nur mit einem Topf kochen kann –ein Riesendurcheinander auf dem Teller, aber super lecker! «

▶ **Für 2 große und 2 kleine Esser** ❄ **geht schnell**
🕐 35 Min.
1 Gemüsezwiebel · Butterschmalz · 300 g Rinderhackfleisch · 500 g Kartoffeln · 1 l Gemüsebrühe · 700 g Spitzkohl · 200 g Möhren · Salz, Kümmel, Essig

– Die Zwiebel abziehen, fein würfeln. In einem großen Topf Butterschmalz erhitzen, die Zwiebel darin anbraten, das Hackfleisch dazu geben und zusammen krümelig braten.

– **Die Kartoffeln unter fließendem Wasser gut bürsten, putzen und in kleine Würfel schneiden.** Zu dem Hackfleisch geben und die Gemüsebrühe angießen. Bei geschlossenem Deckel 10 Minuten garen.

– Den Spitzkohl waschen, putzen, vierteln, den groben Strunk herausschneiden und **die Blätter in feine Streifen schneiden. Die Möhren waschen, putzen und fein würfeln.** Das Gemüse zu dem Eintopf geben. 10 Minuten garen und mit Salz, Kümmel und Essig abschmecken.

Spitzkohl mit Spätzle

>> Weich, glatt, feiner Geschmack und dennoch Biss – alles spricht für den Spitzkohl. «

▶ **Für 2 große und 2 kleine Esser** ❄ **geht schnell**
🕐 25 Min.
400 g Vollkornspätzle · 800 g Spitzkohl · 20 g Butter · 1 EL Honig · 100 ml Sahne · Salz, Pfeffer · 80 g Hartkäse, gerieben

– Spätzle nach Packungsanweisung zubereiten.

– Den Spitzkohl vierteln, **waschen,** den groben Strunk herausschneiden und **die Blätter in 1 cm breite Streifen schneiden.**

– Butter und Honig in einer hohen Pfanne unter Rühren vorsichtig erhitzen, **den Spitzkohl dazu geben** und kurz karamelisieren. Mit 100 ml Wasser und der Sahne ablöschen und bei geschlossenem Deckel 3–4 Minuten bissfest garen.

– Mit Salz und Pfeffer abschmecken, die Spätzle dazugeben und mit dem Spitzkohl mischen, 2 Minuten ohne Deckel köcheln lassen und mit Käse bestreut servieren.

Elefantenbeine mit Möhrengemüse

▶ **Für eine Auflaufform**
braucht etwas mehr Zeit
🕐 **35 Min. + 30 Min. Backzeit**
200 g Dinkel-Vollkornmehl · 400 ml
Milch · 40 ml Rapsöl · 1–2 Eier ·
Butterschmalz zum Ausbacken und
Einfetten der Form · 300 g Rindert-
artar · 1 Ei · 1 TL Senf · Salz · ½ Bd.
Petersilie · 800 g Möhren · 20 g Butter · 50 ml Orangensaft · 1 TL Honig ·
Salz, Koriander

≫ Das Fleisch ist gut verpackt, sieht schön aus, der Pfannkuchen schmeckt sowieso, und kauen muss man auch nicht so viel. Lotta fragt sich, wie Elefanten
ohne Beine laufen können. ≪

■ **Das Mehl, die Milch, das Öl und die Eier mit einem Schneebesen zu einem glatten Teig rühren.**

■ Butterschmalz in einer Pfanne erhitzen und darin nach und nach 6 goldgelbe Pfannkuchen backen.

■ Die Pfannkuchen auf einem Teller stapeln.

■ Das Tartar mit dem Ei, dem Senf und dem Salz verkneten, die Petersilie waschen, trocknen, putzen, fein schneiden und daruntermischen.

■ Den Backofen auf 180 °C Ober-/Unterhitze vorheizen.

■ **Eine Auflaufform mit Butterschmalz einfetten.** Die Pfannkuchen mit einer dünnen Schicht Tartar bestreichen und eng aufrollen. In 3 cm breite Stücke schneiden und diese mit einer Schnittfläche nach unten nebeneinander in die Auflaufform setzen.

■ 30 Minuten backen.

■ Die Möhren waschen, putzen, evtl. der Länge nach halbieren und schräg in
Scheiben schneiden. Die Butter in einer hohen Pfanne mit 2 EL Wasser erhitzen, die Möhrenscheiben darin andünsten und mit dem Orangensaft ablöschen.
8 Minuten bei geschlossenem Deckel bissfest dünsten. Mit Honig, Salz und Koriander abschmecken.

▶ **Das passt dazu**
Salat

Lotta ist krank

Wenn Lotta so gar nichts mehr essen mag, auch ihr Lieblingsessen nicht anrührt, wissen Katrin und Christian, dass Lotta krank wird oder auch schon krank ist. Die drei sind darin schon geübt, denn Lotta hatte in den ersten drei Lebensjahren jeweils ca. acht Infektionen pro Jahr, was der Kinderarzt normal fand und als Immuntraining »verbucht« hat.

Wenn Lotta dann krank ist, fühlt sie sich auf dem Arm ihrer Eltern am wohlsten. Dort schläft sie auch immer wieder ein, gerne hört sie auch erzählte oder vorgelesene Geschichten. Katrin und Christian haben kein Problem damit, dass Lotta dann nichts mehr isst, denn das kennen sie von sich selber – wenn sie krank sind, haben sie auch keinen Appetit. Allerdings achten sie noch mehr als sonst darauf, dass Lotta genug trinkt. Hier bieten sie ihr verschiedene Tees, gesüßt und ungesüßt, mit Saft oder ohne Saft und in unterschiedlichen Temperaturen an, sodass Lotta nach ihrem Empfinden entscheiden kann. Wenn Lotta Bauchweh oder Duchfall hat, kochen sie ihr einen Anistee oder ganz dünnen schwarzen Tee mit etwas Traubenzucker. Bei einer Erkältung bieten sie ihr Lindenblüten- oder Thymiantee an. Jeder Schluck Tee, vom Löffel oder aus der Tasse, ist ein Erfolg.

Die gute alte Hühnersuppe

>> Bei Husten, Schnupfen, Heiserkeit: Diese Suppe schmeckt und heilt. <<

▶ **Viele kleine Portionen** ❄
Für das kranke Kind
braucht etwas mehr Zeit
🕐 **30 Min. Zubereitung + 2 Stunden Garzeit**
1 Suppenhuhn · 1 TL Salz · 1 Bund Suppengrün · 2 Lorbeerblätter · 5 Pfefferkörner · 1 Zwiebel · 4 Möhren · 200 g Tiefkühlerbsen · 200 g Buchstabennudeln

■ Das Suppenhuhn von innen und außen gut waschen. Die Fettdrüse am Schwanz abschneiden. Das Huhn in einen Topf geben und mit kaltem Wasser bedecken. Salz hinzufügen und aufkochen.

■ Das Suppengrün waschen, putzen und fein schneiden und mit Lorbeerblatt und Pfefferkörnern und der halbierten Zwiebel nach dem Aufkochen zu dem Huhn geben. Von Zeit zu Zeit den Schaum, der sich an der Oberfläche bildet, abschöpfen. Mindestens zwei Stunden köcheln lassen und dabei den Deckel schräg auflegen, damit der Dampf entweichen kann.

■ Das Huhn herausnehmen, das Fleisch von Haut und Knochen lösen und in mundgerechte Stücke schneiden.

■ Die Brühe durch ein feines Sieb gießen und in einem Topf auffangen. Die Möhren waschen, putzen und in Stücke schneiden und in der Brühe ca. fünf Minuten garen. Dann die Nudeln hinzufügen und zum Schluss die Erbsen. Das Ganze einmal aufkochen lassen, das Fleisch hinzufügen und mit Salz und evtl. Pfeffer abschmecken.

■ Die Suppe hält sich im Kühlschrank problemlos mehrere Tage und lässt sich auch sehr gut portioniert in Schraubgläsern einfrieren.

Möhrenmus

>> Schmeckt süß, ist cremig und hilft Lotta schnell durch die »Durchfallzeit«. <<

▶ **Viele kleine Portionen**
Für das kranke Kind
braucht etwas mehr Zeit
🕐 **10 Min. Vorbereitung + 60 Min. Garzeit**
600 g Möhren · 1 gestr. TL Salz

■ Die Möhren waschen, putzen, evtl. schälen, in Stücke schneiden und mit 1 Liter Wasser aufsetzen, eine Stunde köcheln lassen. Die Möhren mit dem Wasser sehr gut und fein pürieren und dieses Möhrenmus mit kochendem Wasser wieder auf 1 Liter auffüllen. Noch einmal zwei Minuten durchkochen und mit einem gestrichenen TL Salz würzen.

■ Das Möhrenmus hält sich drei Tage im Kühlschrank, kann aber auch im Eiswürfelbehälter portioniert eingefroren werden.

■ Lotta isst davon über den Tag verteilt 5–6 Mal drei Esslöffel. In der Regel ist ihr Durchfall schon am nächsten Tag deutlich besser.

Tipp

Erfahrungswissen aus der Hausapotheke – heute wissenschaftlich belegt: Je länger man Möhren kocht, umso mehr Zuckerstoffe bilden sich, diese haben eine ähnliche Struktur wie die Darmzotten. Die Keime legen sich an diese Zuckerstoffe und werden so schnell ausgeschieden.

Beerentörtchen

▶ **Für 25 Törtchen** 🍯
gut vorzubereiten
🕐 **30 Min. + 20 Min. Backzeit**
(nur der Törtchenboden) · 175 g Kartoffeln, gegart · 250 g Weizen-/Dinkel-Vollkornmehl · 75 g Butter · 75 g Honig · 50 g Haselnüsse, gemahlen · 1 Pck. Vanillezucker · 100 g Sahne · 100 g Quark · Zitronenabrieb · 350 g gemischte Beeren · Puderzucker

》 **Die Törtchen können nach Bedarf und Appetit auch am Tisch fertiggestellt werden. Lotta stellt sich vor, dass die Bären im Wald auch gerne backen.** 《

- Die Kartoffeln pellen und durch die Presse geben, mit dem Mehl, der Butter, dem Honig, den Haselnüssen und dem Vanillezucker zügig zu einem Teig verkneten.

- Den Backofen auf 180 °C Ober-/Unterhitze vorheizen.

- Aus dem Teig zwei Rollen mit 4 cm Durchmesser formen. **Mit einem scharfen Messer 1 cm dicke Scheiben schneiden und diese mit dem Daumen leicht in der Mitte eindrücken, damit ein flacher Taler mit einer Mulde in der Mitte entsteht.**

- Die Taler auf ein mit Backpapier ausgelegtes Backblech legen und 20 Minuten backen und anschließend auf einem Gitter auskühlen lassen.

- Die Sahne schlagen, den Quark und den Zitronenabrieb unterrühren. Die Beeren waschen, putzen, trocknen.

- **Auf die abgekühlten Taler einen Klecks Sahne-Quark geben, darauf die Beeren geben und mit Puderzucker bestreuen.**

Keksbrötchen mit frischer Erdbeermarmelade

▶ **Für 10–15 Brötchen**
geht schnell
🕐 **20 Min. + 25 Min. Backzeit**
Erdbeermarmelade KS 3 Tage ·
200 g Dinkel-Vollkornmehl ·
40 g Zucker · ½ TL Backpulver ·
2 Pr Salz · 120 g Joghurt · 70 g Butter · 60 g Rosinen · 40 g Cranberrys ·
100 ml Apfelsaft · 100 g Erdbeeren

» Was könnte man gegen Kekse, Brötchen und Erdbeermarmelade ein-
wenden? «

– Den Backofen auf 180 °C Ober-/Unterhitze vorheizen.

– **Alle Zutaten zu einem geschmeidigen Teig verkneten.** Den Teig auf einer bemehlten Arbeitsfläche 2–3 cm dick ausrollen und **mit Hilfe eines Trinkglases runde
Keksbrötchen ausstechen.**

– **Auf ein mit Backpapier ausgelegtes Backblech legen** und 25 Minuten goldbraun
bis knusprig backen.

– **Die Trockenfrüchte für eine halbe Stunde in dem Apfelsaft einweichen. Die Erdbeeren, waschen, putzen und mit den Trockenfrüchten in einem Pürierbecher
pürieren.**

▶ **Das passt dazu**
ein Glas Milch und frisches Obst

Sesam-Dinkelstangen

>> Lottas erstes Knabbergebäck, das immer noch beliebt ist – mit Obst, Gemüse oder gedippt. An denen knabbert auch Lottas Freund Bene gerne. «

▶ **Für 25 Stück** 🍯
braucht etwas mehr Zeit
🕐 **25 Min.+30–45 Minuten Gehzeit + 30 Minuten Backzeit**
½ Würfel Hefe · 150 ml Wasser, lauwarm · ¼ TL Salz · 250 g Dinkelvollkornmehl · 40 g Sesam · 20 ml Rapsöl

– **Hefe in etwas Wasser auflösen, das restliche Wasser und das Salz hinzugeben.** Mehl einarbeiten und zum Schluss das Rapsöl unterkneten. 2 Min. kneten, Feuchtigkeit überprüfen (der Teig sollte eher etwas fester sein), evtl. mit Wasser oder Mehl korrigieren und weitere 8 Min. kneten (Küchenmaschine insgesamt 7 Min.).

– 30–45 Min. zugedeckt an einem warmen Ort gehen lassen. Den Backofen auf 200 °C Ober-/Unterhitze vorheizen.

– **Teig in Portionen, ungefähr von der Größe einer kleinen Aprikose, zu Kugeln formen** und dann mit der flachen Hand auf der Arbeitsfläche zu etwa 20 cm langen Teigrollen mit einem Durchmesser von 0,8 bis 1 cm formen.

– Die Teigrollen auf ein mit Backpapier ausgelegtes Blech legen und sofort (ohne zweite Gehzeit) abbacken. 10 Min. bei 200 °C und weitere 15 bis 20 Min. bei 180 °C backen und auf einem Gitter abkühlen lassen.

Waffeln

>> Lotta liebt dieses Familienevent – der Kuchen ist schnell und frisch auf dem Teller und übt das Teilen und die Geduld. «

▶ **Für 8 Waffeln** ❄
geht schnell
🕐 **10 Min. + 20 Min. Ausquellzeit + Backzeit**
125 g Butter, geschmolzen · 150 g Dinkel-Vollkornmehl · 50 g Maismehl · 50 g Polenta · 1 TL Backpulver · 250 ml Milch · 3 Eier · 3 EL Zucker · Butterschmalz für das Waffeleisen

– **Alle Zutaten miteinander verrühren** und 20 Minuten quellen lassen.

– Das Waffeleisen vorheizen, evtl. einfetten und 6–8 Waffeln backen.

112

Himbeer-Röllchen

» Lauter gute Zutaten, gut duftend und hübsch aufgerollt. Die rollen schnell in Lottas Mund. «

▶ **Für etwa 12 Röllchen** ❄
braucht etwas mehr Zeit
🕐 **20 Min. + 30 Min. Backzeit**
125 g Apfelringe, getrocknet · 125 ml Apfelsaft · 150 g Himbeeren · 125 g Quark · 50 ml Rapsöl · 1 Ei · 2–4 EL Milch · 250 g Dinkel-Vollkornmehl · 2 TL Weinsteinbackpulver · 1 Pck. Vanillezucker

▪ **Die Apfelringe schneiden und mindestens 30 Minuten in dem Apfelsaft einweichen.** Die Himbeeren zu den Äpfeln geben und fein pürieren.

▪ **Den Quark, das Öl und das Ei mit der Milch glatt rühren.** Das Mehl mit dem Weinsteinbackpulver und dem Vanillezucker unter die Quarkmasse kneten. Der Teig sollte geschmeidig sein, aber nicht mehr kleben.

▪ Den Backofen auf 180 °C Ober-/Unterhitze vorheizen.

▪ Den Teig auf einer bemehlten Arbeitfläche in Backblechgröße ausrollen. Mit der Himbeermasse gleichmäßig bestreichen und an der Längsseite 5 cm frei lassen. Längs aufrollen, in 3 cm dicke Scheiben schneiden und mit einer Schnittfläche auf ein mit Backpapier ausgelegtes Backblech geben.

▪ 25–30 Minuten backen.

Weihnachten, Karneval, Ostern – viele süße Feste

Lotta hat vor einiger Zeit eine für sie sehr wichtige Erfahrung gemacht. Sie war bei Max, der seinen Kindergeburtstag feierte, und hat mit ihm jede Menge Süßigkeiten gegessen, die ihnen beiden sehr gut schmeckten. Am nächsten Morgen kam der Zahnarzt in den Kindergarten und siehe da: Es kam anders, als Lotta es erwartet hatte – der Zahnarzt fand kein Loch in ihren Zähnen und lobte sie für das gute Putzen. Dabei haben Oma Susi, der Kinderarzt und die Erzieherin im Kindergarten gesagt: Wenn man zu viel Süßigkeiten isst, bekommt man Löcher in den Zähnen. Für Lotta ist nun ganz klar: Süßigkeiten schmecken gut, machen glücklich und keine Löcher in den Zähnen.

Lotta verlangt täglich nach Süßem

Lotta lebt im Hier und Jetzt. Sie denkt nur an den momentanen Genuss. Ob sie in fünf Jahren Karies bekommt, in zehn Jahren Übergewicht und mit 45 Diabetes, kann sie weder inhaltlich verstehen noch zeitlich überschauen.

Katrin und Christian haben gerade nach solchen Festen, auf denen Lotta mit Süßigkeiten überhäuft wird, verstanden, dass die übliche Argumentationsschiene an Lotta vorbeigeht. Sie haben sich daher etwas anderes überlegt, das Lotta auch verstehen kann. Wenn Weihnachten und Ostern dann wieder vorbei sind und eine riesige Menge Süßigkeiten zusammen gekommen ist, haben die drei eine neue Regel ausprobiert.

- Lotta darf sich jetzt ihre Süßigkeiten für drei Tage einteilen, aber die Gesamtmenge für die drei Tage bestimmen Katrin und Christian. Anfangs hat Lotta dann alles auf einmal gegessen. Dann mussten Katrin und Christian die nächsten Tage standhaft bleiben in ihrer Entscheidung und in der Wertschätzung für Lotta. Diese ist auf dem Weg, in sehr kleinen Schritten auch Verantwortung für sich zu übernehmen. Für alle drei ein nicht einfacher Prozess. Lotta und ihre Eltern haben eine Schatztruhe gebastelt, in der Lotta die Süßigkeiten, die sie im Laufe der Woche anhäuft, sammeln kann. So hat sie auch die Möglichkeit, wenn die Truhe voll ist, den Inhalt gegen ein besonderes Spielzeug, ein Buch oder einen besonderen Tag, z. B. im Freibad, einzutauschen.

Mit den Großeltern haben Katrin und Christian vereinbart, dass es für Lotta viel schöner ist, wenn sie ihr Zeit oder zum Beispiel den Lieblingskäse oder auch ein kleines Buch mitbringen.

Lottas Nachbarmädchen darf keine Süßigkeiten essen

Wenn sie bei Lotta zu Besuch ist, plündert sie Lottas Schatztruhe. Lotta sitzt in ihrem Zimmer auf dem Boden und ist ganz traurig. Sie schaut erstaunt Ella,

dem Nachbarsmädchen, zu, wie sie die Süßigkeiten ohne Genuss in sich hineinstopft – dabei würde Lotta so gerne einfach nur spielen. Sie schaut sich das eine Weile an und fragt dann einfach Katrin, ob sie mit ihr spielen möchte. Erst dann bemerkt Katrin die Situation und überlegt mit den Mädchen gemeinsam, dass es noch für jede ein Händchen Süßigkeiten gibt und dass dann die Schatztruhe an einen guten, sicheren Platz kommt. Lotta und Ella sind sehr zufrieden und finden schnell in ein gemeinsames Spiel.

Beim Zubettgehen besprechen Katrin und Lotta wie immer den Tag und da fällt ihnen auf, dass Katrin heute verpasst hatte, einen Kuchen oder Ähnliches für den Nachmittag vorzubereiten. In zwei Tagen hat sich Ella wieder angekündigt und Lotta und Katrin überlegen, einen schönen Hefezopf zu backen. Den gibt es dann mit Marmelade, Honig oder Schokoladencreme. Die Schatztruhe wird dann gar nicht mehr ins Gespräch kommen und die Freundinnen werden gut gesättigt viel Spaß beim Spiel haben.

Trostpflaster – Schokolade oder ein »richtiges« Pflaster?

Neulich ist Lotta auf dem Spielplatz von der Schaukel gefallen und hat sich dabei beide Knie aufgeschlagen. Katrins Freundin, die auch mit ihrem Kind auf dem Spielplatz war, war schneller als Katrin und gab Lotta sofort ein Stück von ihrer Lieblingsschokolade. Doch Lotta weinte weiter und die Knie bluteten, auch wenn die Schokolade ihr gut geschmeckt hat.

Katrin und Christian machen das normalerweise anders. Sie nehmen Lotta erst einmal in den Arm und schauen sich gemeinsam mit Lotta die Wunde an, streicheln sie. Sie besprechen, was sie jetzt braucht: erst einmal die Wunde säubern, mit Creme oder ohne Creme, mit Pflaster oder ohne Pflaster. Lotta weiß mittlerweile schon sehr genau, was ihr guttut, bleibt dann immer noch ein wenig auf dem Arm ihrer Eltern und springt dann wieder zurück zur Schaukel. Katrin hat die Erfahrung gemacht, dass, wenn sie Lottas Schmerz ernst nimmt und ihr in einer solchen Situation viele Streicheleinheiten gibt, Lotta ihre Wunden schnell vergisst. Die Schokolade hat zwar sofort ihren Gaumen erfreut, aber die Knie bluteten weiter und der Schmerz hielt länger an. Und Lotta lernt für ihr Leben, dass Süßigkeiten keinen Schmerz bekämpfen können.

115

Kirschauflauf

>> Mit einer Suppe oder ein Möhre vorweg auch als Mittagessen geeignet … und von dem Kirschsaft macht Lotta sich eine Schorle. «

▶ **Für eine Auflaufform**
braucht etwas mehr Zeit
🕐 **25 Min. + 20 Min. Backzeit**
1 l Milch · 80 g Butter · 30 g Kokosöl · 1 Prise Salz ·
1 Pck. Vanillezucker · 340 g Polenta · 2 EL Honig · 1 EL
Kokosraspeln · Kokosöl für die Form · 2 Gläser Kirschen ·
1 EL Kokosraspeln

- Die Milch mit der Butter, dem Kokosöl, dem Salz und dem Vanillezucker in einem hohen Topf bei geschlossenem Deckel aufkochen.

- Den Topf von der Herdplatte nehmen, die Polenta einrühren und anschließend unter Rühren 5 Minuten köcheln lassen, den Honig und 1 EL Kokosraspeln in den heißen Brei einrühren. Auf der ausgeschalteten Herdplatte bei geschlossenem Deckel 10 Minuten ausquellen lassen.

- Den Backofen auf 170 °C Ober-/Unterhitze vorheizen.

- **Eine Auflaufform mit Kokosöl einfetten**, die Kirschen abtropfen lassen, **die Polenta in die Auflaufform streichen und die Kirschen gleichmäßig darauf verteilen und eindrücken.**

- Den Auflauf 20 Minuten backen und vor dem Servieren **mit Kokosraspeln bestreuen.**

- Man kann den Auflauf direkt heiß oder auch kalt essen.

Streuselkuchen

>> Der riecht so toll – wer bekommt da keinen Appetit? Warum Kuchen, wenn es doch Streusel gibt? «

▶ **Für ein Blech** ❄
braucht etwas mehr Zeit
🕐 **20 Min. + 40–60 Min. Gehzeit + 35 Min. Backzeit**
etwa 180 ml Milch, lauwarm · ½ Würfel Hefe · 2 EL Honig ·
350 g Dinkel-Vollkornmehl · 50 g Butter · 200 g Butter ·
140 g Zucker · 2 Pck. Vanillezucker · 300 g Dinkelmehl 1050

- **Die Hefe in etwas Milch auflösen, die restliche Milch dazugeben und den Honig einrühren.** Das Mehl hinzufügen und mit einem Kochlöffel gut verrühren und zum Schluss 50 g Butter unterkneten. 1–2 Minuten kneten. Die Feuchtigkeit des Teigs überprüfen und evtl. etwas Mehl oder Milch hinzufügen. Weitere 8 Minuten kneten (Küchenmaschine insgesamt 7 Minuten), bis der Teig geschmeidig ist und kaum mehr klebt. 30–45 Minuten zugedeckt gehen lassen.

- In der Zwischenzeit 200 g Butter in einem Topf schmelzen lassen, Zucker und Vanillezucker und Mehl einrühren. Mit einem Kochlöffel locker verrühren.

- Den Hefeteig einmal kräftig durchkneten und auf einem mit Backpapier ausgelegtem Backblech gleichmäßig ausrollen.

- **Den Streuselteig gleichmäßig über den Teig bröseln.** Den Teig 10–15 Minuten gehen lassen.

- Den Backofen auf 200 °C Ober-/Unterhitze vorheizen, das Blech auf der unteren Schiene in den Backofen schieben, die Temperatur auf 180 °C absenken und 30–35 Minuten backen.

Obstkuchen

» Im Prinzip ist es ein Obstquark, verfeinert und hübsch angerichtet mit einem riesengroßen Keks. Lotta legt ein lustiges Gesicht. «

▶ **Für 1 Springform**
braucht etwas mehr Zeit
🕐 **40 Min. (mit Kühlung) + 35 Min. Backzeit**
100 g Zucker · 100 g Dinkel-Vollkornmehl · 150 g Haselnüsse, gemahlen · 1 EL Kakao · 100 g Butter, weich · 1 EL Quark · Butterschmalz für die Form · 200 g Quark · 1 EL Zitronensaft · 2–3 TL Honig · 2 EL Haselnüsse, gemahlen · 500 g Obst der Saison

▪ **Den Zucker, Mehl, Haselnüsse, Kakao, Butter und 1 EL Quark zu einem geschmeidigen Teig verkneten.**

▪ Eine Springform einfetten und den Teig flach hineingeben und mindestens 30 Minuten kalt stellen.

▪ Den Backofen auf 160 °C Ober-/Unterhitze vorheizen.

▪ Den Boden 35 Minuten backen.

▪ Den Quark mit dem Zitronensaft und dem Honig verrühren. Die Haselnüsse auf dem erkalteten Boden verteilen, den Quark daraufstreichen. **Das Obst waschen, trocknen, putzen, gegebenenfalls entkernen und schälen, schneiden und auf dem Quark dekorativ verteilen.**

Orangenherzen

» Kekse, die das ganze Jahr gut schmecken und Liebe schenken. «

▶ **Für etwa 30 Stück**
geht schnell
🕐 **60 Min. (mit Kühlung) + 10 Min. Backzeit**
125 g Butter · 60 g Zucker · 2 Eigelbe · ½ TL Orangenabrieb · 1 EL Orangensaft · ¼ TL Backpulver · 1 Prise Salz · 250 g Dinkel-Vollkornmehl

▪ Die Butter mit dem Zucker, den Eigelben, dem Orangenabrieb und dem Orangensaft aufschlagen. **Das Backpulver mit dem Salz und dem Vollkornmehl vermischen** und zügig unter die Buttermasse kneten. Den Teig in eine Folie wickeln und mindestens 30 Minuten kühl stellen.

▪ Den Teig auf einer bemehlten Arbeitsfläche dünn ausrollen.

▪ Den Backofen auf 200 °C Umluft vorheizen.

▪ **Aus dem Teig mit einem Herzchenausstecher Herzchen ausstechen und auf zwei mit Backpapier ausgelegte Backbleche legen** und 10 Minuten backen. Auf einem Gitter auskühlen lassen.

117

Kleine Käsekuchen-Törtchen

>> So einfach bekommt das Brot einen süßen und keeesi-gen Belag! Lottas Opa sagt »Keeese-Kuchen« und stopft sich ein Törtchen auf einmal in den Mund. «

▶ **Für 12 Törtchen**
geht schnell
🕐 **20 Min. + 30 Min. Backzeit**
Muffinblech und Papierförmchen oder Lottas Muffinförm-chen · 12 Scheiben Vollkorn-Toastbrot · Butterschmalz für die Form · 350 g Quark · 100 g Sahne · 1 Ei · 60 g Zucker · 75 g Weizen-/Dinkel-Vollkorngrieß · 1 TL Weinsteinbackpul-ver · 1 Pck. Vanillezucker · 1 EL Zitronensaft · 6 Aprikosen

- **Vom Toast die Rinde abschneiden.** 1/3 jeder Scheibe ab-schneiden, die restlichen 2/3-Scheiben mit einem Nudel-holz mit Druck flach rollen.

- Den Backofen auf 175 °C Ober-/Unterhitze vorheizen.

- Das Muffinblech mit Butterschmalz einfetten und je eine dünne Toastscheibe in eine Mulde drücken.

- Den Quark, die Sahne, das Ei, den Zucker, den Grieß, das Weinsteinbackpulver, den Vanillezucker und den Zitro-nensaft miteinander gut verrühren.

- **Die Aprikosen waschen, trocknen, halbieren und entker-nen. Die Quarkmasse auf die Mulden verteilen und jeweils in die Mitte eine halbe Aprikose drücken.**

- 30 Minuten backen.

Rosinenkuchen

>> Ein Klassiker – heute so beliebt wie früher. Lotta pickt zuerst die Rosinen raus und isst dann den Kuchen! «

▶ **Für einen Kuchen**
geht schnell
🕐 **15 Min. + 45 Min. Backzeit**
100 g Rosinen · 100 ml Apfelsaft · 250 g Butter · 4 Eier · 150 g Zucker · 250 g Dinkel-Vollkornmehl · 1 Pck. Weinstein-backpulver · Zitronenabrieb

- **Die Rosinen in dem Apfelsaft einweichen.**

- Backofen auf 180 °C Ober-/Unterhitze vorheizen.

- Eine Backform fetten oder mit Backpapier auslegen.

- Die Butter zum Kochen bringen. **Die Eier mit dem Zucker aufschlagen und schaumig rühren.** Das Mehl mit dem Backpulver vermischen und unter die Eiermasse ziehen. Den Zitronenabrieb und die Rosinen hinzufügen.

- Die kochende Butter zügig unter den Teig rühren und den Teig sofort in die Form geben. Ca. 35–45 Minuten backen. Mit einem Holzstäbchen die Garprobe machen und evtl. weitere 10 Minuten bei 160 °C backen.

- Den Kuchen aus der Form nehmen und auskühlen lassen.

Müsli-Bären-Schnitten

» Diese Müsli-Schnitten sind weich und luftig – die isst Lotta schon seit ihrem 1. Geburtstag. Die Müsli-Bären verleihen ihr Bärenkräfte. «

▶ **Für 48 Schnitten**
geht schnell
🕐 20 Min. + 30 Min. Backzeit
250 g Haferflocken, klein · 100 ml Sahne · 250 ml Wasser · 4 Eier · 130 g Zucker · 100 g Sonnenblumenkerne · 100 g Cranberrys · 60 g Weizen-/Dinkel-Vollkornmehl · 2 EL Zitronensaft · 80 g Schokoladenkuvertüre

– Den Backofen auf 180 °C Ober-/Unterhitze vorheizen.

– **Die Haferflocken in der Sahne und dem Wasser einweichen.** Die Eier trennen und **das Eiweiß mit dem Zucker zu Eischnee aufschlagen.** Die Sonnenblumenkerne und die Cranberrys grob hacken. Die Haferflocken mit Sonnenblumenkernen, den Cranberrys, dem Eigelb, dem Vollkornmehl und dem Zitronensaft verrühren, den Eischnee vorsichtig unterheben und die Teigmasse gleichmäßig auf ein mit Backpapier ausgelegtes Backblech streichen.

– 25–30 Minuten goldbraun backen. Auf einem Kuchengitter auskühlen lassen und in 4 mal 6 cm große Schnitten schneiden. **Evtl. die Ecken mit Schokolade bestreichen.**

Echt
bärenstark!

Zucchini-Apfel-Würfel

» Gemüse und Obst – geschickt verwürfelt und herrlich saftig und süß. Die Würfel zeigen immer eine Sechs. «

▶ **Für ca. 120 Würfel**
geht schnell
🕐 20 Min. + 40 Min. Backzeit
3 Eier · 100 g Zucker · 125 ml Mandel-/Rapsöl · 400 g Zucchini · 2 Äpfel · 100 g Cashewkerne · 150 g Rosinen · 300 g Weizen-/Dinkel-Vollkornmehl · ½ Pck. Weinsteinbackpulver · 1 TL Natron · 1 Prise Salz · 1 EL Kakao

– Den Backofen auf 180 °C Ober-/Unterhitze vorheizen.

– Die Eier mit dem Zucker schaumig rühren und nach und nach das Öl dazugeben.

– **Die Zucchini und Äpfel waschen, trocknen und putzen** und fein raspeln.

– Die Cashewkerne und die Rosinen fein hacken und mit den Zucchini- und Apfel-Raspeln unter die Eimasse ziehen. **Das Mehl mit dem Weinsteinbackpulver, dem Natron, der Prise Salz und dem Kakao vermischen und mit einem Kochlöffel zu einem geschmeidigen Teig rühren,** auf ein mit Backpapier ausgelegtes Backblech geben und gleichmäßig verteilen. 40 Minuten backen.

– Anschließend auf einem Gitter auskühlen lassen und in Würfel mit 3 cm Kantenlänge schneiden.

Karotten-Ecken

▶ **Für 25 Ecken**
gut vorzubereiten
🕐 30 Min. + mind. 30 Min. Ruhezeit + 25 Min. Backzeit
280 g Möhren · 300 g Weizen-/ Dinkel-Vollkornmehl · 100 g Weizen-/ Dinkel-Mehl 1050 · 1 Pck. Weinsteinbackpulver · 2 Pck. Vanillezucker · 1 Ei · 250 g Butter, kalt · 150–200 g Pflaumenmus

» **Ein perfektes süßes Versteck für Gemüse. Lotta isst erst die Ecken und dann das Weiche.** «

- **Die Möhren waschen, bürsten, putzen** und sehr fein raspeln. Mit dem Mehl, dem Backpulver und dem Vanillezucker locker vermischen. Das Ei hinzufügen und die kalte Butter grob über die Mehlmischung raspeln. Zügig zu einem glatten Teig verkneten, in Frischhaltefolie verpacken und mindestens 30 Minuten kalt stellen.

- Den Backofen auf 180 °C Ober-/Unterhitze vorheizen.

- Die Arbeitsplatte mit Mehl bestäuben. Den Teig teilen und zu zwei 4–5 mm dicken gleich großen Rechtecken ausrollen. Aus den Teigplatten Quadrate mit 10 cm Seitenlänge ausschneiden. **In die Mitte eines jeden Quadrats ein bis zwei Teelöffel Pflaumenmus geben** und das Quadrat diagonal zu einem Dreieck zusammenklappen. Mit einer Gabel die Ecken mehrfach einstechen, um die obere und untere Hälfte miteinander zu verbinden.

- **Auf ein mit Backpapier ausgelegtes Backblech legen** und ca. 25 Minuten backen.

- Nach dem Backen auf einem Gitter auskühlen lassen.

Vanillejoghurt

>> Vanillejoghurt hat das Zeug zum Lieblingsnachtisch – einfach nur cremig. «

▶ **Für 2 große und 2 kleine Esser**
geht schnell
🕐 15 Min. + mind. 50 Minuten Kühlzeit
250 ml Milch · 15 g Stärke · 1 Pck. Vanillezucker · 2 EL Zucker · 400 g Joghurt

– 200 ml Milch aufkochen, **die restlichen 50 ml Milch mit der Stärke, dem Vanillezucker und dem Zucker glatt rühren** und in die kochende Milch mit einem Schneebesen einrühren.

– Einmal aufkochen lassen und den Topf von der Herdplatte nehmen. Den Joghurt in den heißen Pudding einrühren und den Vanillejoghurt kalt stellen.

Schoko-Nuss-Joghurt

>> Die frische, schnelle und nussige Alternative zum Schokoladenpudding. Schoko-Nuss – na klar, das ist der Lieblingsnachtisch von Christian. «

▶ **Für 2 große und 2 kleine Esser**
geht schnell
🕐 10 Min.
200 g saure Sahne · 300 g Joghurt · 70 g Haselnüsse, gemahlen · 2–3 EL Kakao · 50 g Zucker · 3 Birnen · Zitronensaft

– Die saure Sahne mit dem Joghurt, den Haselnüssen, dem Kakao und dem Zucker glatt verrühren.

– **Die Birnen waschen, trocknen, putzen, entkernen und in kleine Würfel schneiden**, mit etwas Zitronensaft beträufeln und zu dem Schoko-Nuss-Joghurt reichen.

Apfel-Kiwi-Grütze

>> Ein Obstsalat in Puddingform – säuerliche Kiwi, cremiger Pudding und bissfeste Äpfel. Christian sagt immer »Entengrütze« dazu. «

▶ **Für 2 große und 2 kleine Esser**
geht schnell
🕐 15 Min. + mind. 60 Min. Kühlzeit
400 ml Apfelsaft · 1 Zitrone, Saft · 3 Äpfel · 2 EL Stärke · 100 ml Apfelsaft · 3 Kiwi · 2 EL Cashewkernmus · 1 EL Honig

– Apfel- und Zitronensaft aufkochen. **Die Äpfel waschen, trocknen, putzen**, entkernen, **achteln** und in hauchdünne Scheiben schneiden. In den kochenden Apfelsaft einrühren. Noch einmal aufkochen und anschließend die in 100 ml Apfelsaft glatt gerührte Stärke zu den Äpfeln geben und einrühren. Noch einmal aufkochen lassen und den Topf von der Herdplatte nehmen.

– Die Kiwi schälen, pürieren und unter die heiße Apfelgrütze ziehen.

– Die Apfel-Kiwi-Grütze kalt stellen.

– **Cashewkernmus mit 4 EL Wasser und dem Honig glatt rühren** und zu der Grütze servieren.

121

Streifenquark

▶ **Für 2 große und 2 kleine Esser**
geht schnell
🕐 **15 Min. + 15 Min. Kühlzeit**
300 g Quark · 100 g Mascarpone ·
20 g Zucker · 1 EL Zitronensaft ·
1 Pck. Vanillezucker · 100 ml Sahne ·
300 g Nektarinen · 100 g Vollkorn-
Butterkekse, zerkrümelt

》 Ein gehaltvoller, fruchtiger Quark-Nachtisch – schmeckt nach mehr, aber nicht für jeden Tag. Den essen nicht nur Zebras und Streifenhörnchen gern. 《

▪ **Den Quark, die Mascarpone, den Zucker, den Zitronensaft und den Vanillezucker cremig rühren.** Die Sahne steif schlagen und 1/3 der Quarkcreme darunterziehen.

▪ **Die Nektarinen waschen, trocknen, entkernen und die eine Hälfte mit den übrigen 2/3 der Quarkcreme pürieren.** Die andere Hälfte der Nektarinen in sehr kleine Stücke schneiden.

▪ In einer Glasschüssel oder in 4 Portionsgläsern je eine Schicht Nektarinen-Creme, Nektarinen, Sahnecreme, Kekskrümel, Nektarinencreme, Kekskrümel und zum Schluss ein paar Nektarinenstückchen schichten.

▪ Vor dem Servieren 15 Minuten kühl stellen.

Schokoladenpudding

Erdbeerquark

Apfelschnee

» Der spricht für sich ... Christian und Lotta essen den Pudding ganz allein. «

» Erst zusammen frische Erdbeeren pflücken und dann gibt es »rosasen« Quark satt. Ein sommriger Nachtisch! «

» Auch wenn die Äpfel nicht mehr ganz knackig sind, gelingt dieser Nachtisch garantiert. Lotta kann damit aber keinen Schneemann bauen. «

▶ Für 2 große und 2 kleine Esser
geht schnell
🕐 10 Min. + mind. 60 Minuten Kühlzeit
500 ml Milch · 40 g Dinkel-Vollkornmehl · 50 g Zucker · 2 EL Kakao · 100 ml Sahne · 20 g Schokolade

▶ Für 2 große und 2 kleine Esser
geht schnell
🕐 10 Min.
40 g Rosinen · 200 g Erdbeeren · 350 g Quark · 100 ml Sahne

▶ Für 2 große und 2 kleine Esser
geht schnell
🕐 10 Min.
400 g Äpfel · 100 g Joghurt · 100 ml Sahne · 20 g Schokolade, weiß

– Die Milch mit dem Mehl, dem Zucker und dem Kakao in einem Topf gut verrühren und unter Rühren zum Kochen bringen. 2–3 Minuten unter Rühren köcheln lassen.

– Die Creme in eine Schüssel umfüllen und auf die Oberfläche Klarsichtfolie geben, damit sich keine Haut bildet. Abkühlen lassen.

– **Die Sahne steif schlagen** und locker unter die Creme ziehen. Die Schokolade raspeln und **über den Pudding streuen.**

– Die Erdbeeren waschen, trocknen, putzen. 100 g davon in kleine Stücke schneiden.

– **Die restlichen Erdbeeren mit den Rosinen und dem Quark pürieren.**

– Die Sahne schlagen und mit den Erdbeerstückchen darunterziehen.

– **Die Äpfel waschen, trocknen, entkernen, in kleine Stücke schneiden** und mit dem Joghurt in einem Pürierbecher fein pürieren.

– Die Sahne steif schlagen, unter die Apfel-Joghurt-Creme heben, in eine Schüssel füllen und **die Schokolade darüberreiben.**

Joghurt-Wirbel mit Avocado und Banane

>> Lottas erster Fruchtjoghurt und heute immer noch geliebt. Ein Wirbelsturm am Esstisch – alle festhalten! «

▶ **Für 2 große und 2 kleine Esser**
geht schnell
🕐 **10 Min.**
1 Avocado · 2 Bananen · 1 Zitrone, Saft · 500 g Joghurt

- **Die Avocado halbieren, entkernen abziehen und klein schneiden. Die Bananen schälen, klein schneiden, mit der Avocado und dem Zitronensaft in einem Pürierbecher pürieren.**

- Den Joghurt in eine Glasschüssel geben und vorsichtig glatt rühren. Das Avocado-Bananen-Püree in die Mitte auf den Joghurt geben und mit einer Gabel von der Mitte aus das Püree wirbelförmig nach außen verteilen.

Haferbällchen mit Fruchtsauce

>> Ein raffinierter, besonderer Nachtisch mit den Zutaten vom Früchtemüsli. Lotta legt für Christian heimlich einen Tischtennisball dazu. «

▶ **Für 12 Bällchen**
geht schnell
🕐 **20 Min. + 10 Min. Garzeit**
400 ml Haferdrink · 1 EL Mandel- oder Rapsöl · 1 Pck. Vanillezucker · 150 g Dinkel-Vollkorngrieß · 50 g Haferflocken, grob · 20 g Rosinen · 20 g Mandeln, gehackt · 1 EL Honig · 1 Ei · ¼ TL Salz · 500 g Obst der Saison

- Den Haferdrink mit dem Öl in einem Topf bei geschlossenem Deckel aufkochen, den Vanillezucker und den Grieß einrühren und unter Rühren 2–3 Minuten köcheln lassen und von der Herdplatte nehmen. **Haferflocken, Rosinen, Mandeln, Honig** und das Ei **unterrühren.**

- In einem großen, breiten Topf Wasser mit dem Salz zum Kochen bringen. **Aus der Masse 12 Bällchen formen**, in das schwach siedende Wasser geben und ca. 10 Minuten ziehen lassen, bis sie an die Oberfläche kommen.

- Das Obst waschen, putzen, gegebenenfalls entkernen bzw. schälen und pürieren. Zu den Bällchen reichen.

Schoko-Frucht-Kugeln

>> Eigentlich sind das Kinderpralinen, die auch Erwachsene gerne mögen. Lottas Opa sagt: Hasenköttel – aber er isst sie doch sehr gerne! «

▶ **Für 30 Kugeln**
geht schnell
🕐 **20 Min. + 30 Minuten Einweichzeit**
60 g Aprikosen, getrocknet · 60 g Rosinen · 40 ml Orangensaft · 100 g Haselnüsse, gemahlen · 1 EL Kakao · 1 EL Honig · 2 EL Kokosraspeln

- **Die Aprikosen klein schneiden und mit den Rosinen in dem Orangensaft in einem Pürierbecher mindestens 30 Minuten einweichen und anschließend pürieren.** Die Haselnüsse, den Kakao und den Honig unterkneten. Ca. 30 Kugeln mit einem Durchmesser von 1,5–2 cm formen.

- In ein Tablett mit einem hohen Rand oder einen großen Teller die Kokosraspeln geben und die Fruchtkugeln darin »panieren«, indem man sie auf dem Tablett hin- und herrollen lässt.

- Werden die Kokosflocken vorher mit einem Zerkleinerer zu grobem Kokosmehl zerhackt, dann werden die Hasenköttel besonders schöne »schmutzige Schneebälle«.

Lotta feiert Geburtstag

Sie darf genauso viele Kinder einladen, wie sie Jahre alt wird. Den kleinen Bruder von Max, den Bene, muss sie nicht mitzählen. Den Kindergeburtstag feiert sie am Samstag nach ihrem richtigen Geburtstag, einmal, weil da kein Kindergarten ist, und zum anderen, weil Katrin in Christian beide zu Hause sind. Lotta möchte sie beide bei der Party dabeihaben und sie wollen das Geschehen auch nicht verpassen.

Nachdem Lotta alle Kinder begrüßt und die Geschenke ausgepackt hat, bekommt jedes Kind eine Apfelkette um den Hals und die Schatzsuche im Wald geht los. Bis die Geburtstagsgesell- schaft am Waldesrand angekommen ist, hat jedes Kind seine Apfelkette schon aufgegessen. Katrin hat aber noch jede Menge Knabbertiere dabei, die sich im- mer größter Beliebtheit erfreuen. Zwei Stunden später kommen sie nach einem langen Marsch durch den Wald und mit einem großen Schatz hungrig nach Hause. In der Zeit, in der Christian das Abendessen zubereitet, liest Katrin eine Geschichte vor. Dann wird gegessen. Wenn die Eltern der Kinder kommen, um Lottas Gäste abzuholen, trinken sie mit Katrin und Christian noch ein Glas Sekt – die Kinder erkennen die Situation schnell und verschwinden noch einmal zum Spielen in Lottas Zimmer. Wenn alle weg sind, geht der Geburtstag langsam zu Ende und Lotta fällt müde, glücklich und erfüllt ins Bett.

Fruchtmurmeln

>> Schnelles Fruchtkonfekt – ein bisschen süß, ein bisschen säuerlich, aber sehr besonders. «

▶ **Für 30 Murmeln** 🍯
geht schnell
🕐 **20 Min. + 30 Minuten Einweichzeit**
60 g Cranberrys · 60 g Rosinen · 40 ml Apfelsaft ·
100 g Mandeln, gemahlen · 1 Msp. Zitronenabrieb ·
1 EL Honig · 2 EL Kokosraspeln

■ Die Cranberrys mit den Rosinen in dem Apfelsaft in einem Pürierbecher mindestens 30 Minuten einweichen und anschließend pürieren. Die Mandeln, den Zitronenabrieb und den Honig unterkneten. **Ca. 30 Murmeln mit einem Durchmesser von 1,5–2 cm formen.**

■ In ein Tablett mit einem hohen Rand oder einen großen Teller die Kokosraspeln geben und die Fruchtmurmeln darin »panieren«, indem man sie auf dem Tablett hin- und herrollen lässt.

■ Werden die Kokosflocken vorher mit einem Zerkleinerer zu grobem Kokosmehl zerhackt, dann werden aus einfarbigen Murmeln gestreifte Murmeln.

Knabbertier-Ketten

>> Plätzchen ausstechen macht nicht nur an Weihnachten Spaß. «

▶ **Für 30 Knabbertiere** ❄
braucht etwas mehr Zeit
🕐 **15 Min. Vorbereitung + 45 Min. Gehzeit**
½ Würfel Hefe · 330 ml Wasser, lauwarm · ½ TL Salz ·
500 g Dinkel-Vollkornmehl

■ **Die Hefe in etwas Wasser auflösen, das restliche Wasser und das Salz hinzufügen. Das Mehl mit einem Kochlöffel unterrühren, 2 Min. kneten, Feuchtigkeit überprüfen und evtl. mit etwas Mehl oder Wasser korrigieren, weitere 8 Min. kneten (Küchenmaschine insgesamt 7 Min.). Der Teig sollte eine geschmeidige bis festere Konsistenz haben.**

■ Zugedeckt ca. 45 Min. gehen lassen. Den Teig anschließend nochmal kräftig durchkneten, teilen und 0,5–1 cm dick ausrollen.

■ Den Backofen auf 180 °C Umluft vorheizen.

■ **Mit großen Tierausstechformen Knabbertiere ausstechen und auf zwei mit Backpapier ausgelegte Bleche setzen.**

■ Die Knabbertiere 5 Min. gehen lassen.

■ Die Knabbertiere in den Backofen schieben und ca. 10 Min. backen. Auf ein Gitter legen, mit einem Holzstäbchen oben ein Loch für die Kordel einstechen und anschließend auskühlen lassen.

■ Die ausgekühlten Knabbertiere auf Kordeln für jedes Kind ziehen.

Apfelkette

>> Hier hat jedes Kind sein Proviant-paket dabei. <<

▶ **Für 6 Portionen**
geht schnell
🕐 10 Min.
6 Äpfel · 6 Kordelstücke à 50 cm

- **Die Äpfel waschen, trocknen** und mit einem Apfelausstecher das Kerngehäuse ausstechen. Mit einem scharfen Messer in dünne Scheiben schneiden und **diese auf die Kordel auffädeln** und die Kordel zu einer Kette zusammenknoten.

Himbeer-Lassi

>> Pizzelwasser mit leichtem Geschmack für den großen Durst. <<

▶ **Für 6 Portionen**
geht schnell
🕐 10 Min.
100 g Himbeeren · 100 g Joghurt · 1 EL Honig · 800 ml Sprudelwasser

- **Die Himbeeren pürieren und durch ein Sieb streichen.**

- Das aufgefangene Himbeer-Püree mit Joghurt und dem Honig glatt rühren und das Sprudelwasser mit einem Schneebesen unterrühren.

Rote Limonade

>> Selbst gemachte Limonade: rot, fruchtig und spritzig – einfach nur lecker! <<

▶ **Für 6 Portionen**
braucht etwas mehr Zeit
🕐 10 Min. + 60 Min. Abkühlzeit
ca. 250 ml Apfelsaft · 6 Hibiskus-blüten, getrocknet (Hibiskustee) · Honig · 500 ml Sprudelwasser

- Den Apfelsaft in einem Eiswürfel-bereiter zu Eiswürfeln frieren.

- Mit 400 ml kochendem Wasser und den Hibiskusblüten einen starken Tee kochen und diesen abkühlen lassen.

- Nach Geschmack mit Honig süßen. Den Tee mit Sprudelwasser aufgie-ßen, je 2–3 Apfelsafteiswürfel auf Becher verteilen und mit dem Tee aufgießen.

Kartoffelecken

>> Knuspriges Finger Food – macht satt und glücklich! «

▶ **Für 6 Portionen**
braucht etwas mehr Zeit
🕐 **40 Min.**
1 kg Kartoffeln, vorwiegend festkochend · 2 EL Olivenöl · ½ TL Paprikapulver, edelsüß · Salz

– Den Backofen auf 180 °C Ober-/Unterhitze vorheizen.

– Die Kartoffeln unter fließendem Wasser bürsten und je der Länge nach in 8 bis 16 Ecken schneiden.

– Das Olivenöl mit dem Paprikapulver verrühren und in einer Schüssel mit den Kartoffeln vermischen. Auf ein mit Backpapier ausgelegtes Backblech geben und 20 Minuten backen, wenden und weitere 20 Minuten goldbraun backen. Mit Salz abschmecken und servieren.

Bunte Spieße – Lottas Orogongos

>> Wie viele Spieße isst Lotta? «

▶ **Für 6 Portionen**
geht schnell
🕐 **5 Min.**
Paprika · Champignons · Cocktailtomaten · Salatgurke · Käse · Mozzarellakugeln · Putenwürstchen · Schaschlikspieße

– Alle Zutaten in mundgerechte Stücke schneiden, auf Schälchen verteilen, jedem Kind einen Schaschlikspieß geben und die Zutaten munter aufspießen lassen.

Milchreis mit Aprikosenmus

>> Ein kleiner Salat vorweg und Milchreis zum Sattessen – das passt zum Sommer! «

▶ **Für 2 Erwachsene und 2 Kinder**
braucht etwas mehr Zeit
🕐 **60 Min. + 10 Min. Ausquellzeit**
150 g Vollkorn-Rundkornreis · 1 Pck. Vanillezucker · 750 ml Milch · 30 g Zucker · 500 g Aprikosen · 1 EL Mandelmus · Zimt

– Den Reis unter fließendem Wasser in einem Sieb waschen und in 300 ml Wasser so lange kochen, bis das Wasser vom Reis aufgenommen ist.

– Den Vanillezucker und die Milch zu dem Reis geben und den Reis 45 Minuten unter gelegentlichem Rühren weich garen. Den Zucker unterrühren und den Reis auf der ausgeschalteten Herdplatte 10 Min. ausquellen lassen.

– **Die Aprikosen waschen, trocknen, putzen, halbieren, entkernen, klein schneiden und mit dem Mandelmus fein pürieren. Evtl. mit Zimt abschmecken.**

Pfannkuchen mit Blaubeeren

>> Schmeckt am besten auf der Küchenplatte direkt aus der Pfanne aufgerollt in der Hand. «

▶ **Für 4 Pfannkuchen**
geht schnell
🕐 10 Min. + 15 Min. Backzeit
125 g Dinkel-Vollkornmehl · 250 ml Milch · 1 Ei · 20 g Zucker · 25 g Kokos- oder Rapsöl · 150 g Blaubeeren · Kokosöl/Butterschmalz für die Pfanne

■ Alle Teigzutaten miteinander vermischen und zum Schluss die Blaubeeren hinzufügen.

■ Vier Pfannkuchen in einer Pfanne goldgelb ausbacken.

▶ **Das passt dazu**
rote Limonade

Tipp

Tauschen Sie die Blaubeeren je nach Saison durch Äpfel, Pflaumen oder Birnen aus.

Fruchtiger Couscous-Salat mit Mandelsauce

▶ **Für 2 Erwachsene und 2 Kinder**
geht schnell
🕐 **20 Min. + mind. 45 Min.**
Quell- und Abkühlzeit
220 ml Apfelsaft · 1 Zitrone, Saft ·
1 Pck. Vanillezucker · 120 g Couscous · 1 Apfel · 400 g Obst der
Saison · 40 g Mandeln, gehackt ·
2 EL Mandelmus · 1 EL Honig ·
1 TL Zitronensaft · Zitronenmelisse

》 Ein Obstsalat, der durch den Couscous richtig satt macht und durch die Man-
delsauce den Pep bekommt. Viele Küsschen und ein bisschen Obst. 《

■ Den Apfelsaft, den Zitronensaft und den Vanillezucker in einem Topf mit geschlossenem Deckel aufkochen.

■ Den Couscous in einem Sieb unter heißem Wasser waschen und zu dem kochenden Apfelsaft geben, einmal umrühren, zudecken, von der Herdplatte nehmen und 20 Min. ausquellen lassen.

■ **Den Apfel waschen, trocknen**, entkernen und grob raspeln. Unter den Couscous
ziehen. Den Couscous in eine Schüssel füllen, damit er schnell auskühlt.

■ **Das Obst waschen, putzen, gegebenenfalls schälen bzw. entkernen und in kleine
Stücke schneiden. Mit den Mandeln unter den Couscous ziehen.**

■ Das Mandelmus mit 4 EL Wasser, dem Honig und dem Zitronensaft glatt rühren
und über den Couscous verteilen. Mit Zitronenmelisse dekorieren.

Register

Rezeptverzeichnis

**Bibliografische Information
der Deutschen Nationalbibliothek**
Die Deutsche Nationalbibliothek verzeichnet diese Publikation in der Deutschen Nationalbibliografie; detaillierte bibliografische Daten sind im Internet über http://dnb.d-nb.de abrufbar.
Programmplanung: Uta Spieldiener
Redaktion: Dr. Sabine Klonk, Stuttgart
Bildredaktion: Christoph Frick

Umschlaggestaltung und Layout:
CYCLUS Visuelle Kommunikation, Stuttgart

Bildnachweis:
Umschlagillustration vorn: Daniela Sonntag, Stuttgart
Illustrationen im Innenteil: Daniela Sonntag, Stuttgart
Fotos im Innenteil: S. 2: Karin Engels; alle übrigen Fotos: Meike Bergmann, Berlin

Wichtiger Hinweis
Wie jede Wissenschaft ist die Medizin ständigen Entwicklungen unterworfen. Forschung und klinische Erfahrung erweitern unsere Erkenntnisse. Ganz besonders gilt das für die Behandlung und die medikamentöse Therapie. Bei allen in diesem Werk erwähnten Dosierungen oder Applikationen, bei Rezepten und Übungsanleitungen, bei Empfehlungen und Tipps dürfen Sie darauf vertrauen: Autoren, Herausgeber und Verlag haben große Sorgfalt darauf verwandt, dass diese Angaben dem Wissensstand bei Fertigstellung des Werkes entsprechen. Rezepte werden gekocht und ausprobiert. Übungen und Übungsreihen haben sich in der Praxis erfolgreich bewährt.

Eine Garantie kann jedoch nicht übernommen werden. Eine Haftung des Autors, des Verlags oder seiner Beauftragten für Personen-, Sach- oder Vermögensschäden ist ausgeschlossen.

Geschützte Warennamen (Warenzeichen) werden nicht besonders kenntlich gemacht. Aus dem Fehlen eines solchen Hinweises kann also nicht geschlossen werden, dass es sich um einen freien Warennamen handelt.

1. Auflage 2014

© 2014 TRIAS Verlag in MVS
Medizinverlage Stuttgart GmbH & Co. KG
Oswald-Hesse-Straße 50, 70469 Stuttgart

Printed in Germany

Satz und Repro: Fotosatz Buck, Kumhausen
gesetzt in: Adobe InDesign CS5
Druck: AZ Druck und Datentechnik GmbH, Kempten

Gedruckt auf chlorfrei gebleichtem Papier

ISBN 978-3-8304-6141-8   1 2 3 4 5 6

Auch erhältlich als E-Book:
eISBN (PDF)   978-3-8304-6211-8
eISBN (ePub) 978-3-8304-6206-4

SERVICE

Liebe Leserin, lieber Leser,

hat Ihnen dieses Buch weitergeholfen? Für Anregungen, Kritik, aber auch für Lob sind wir offen. So können wir in Zukunft noch besser auf Ihre Wünsche eingehen. Schreiben Sie uns, denn Ihre Meinung zählt!

Ihr TRIAS Verlag
E-Mail-Leserservice: Kundenservice@trias-verlag.de
Lektorat TRIAS Verlag, Postfach 30 05 04, 70445 Stuttgart,
Fax: 0711 89 31-748